高校去行政化研究

GAOXIAO
QUXINGZHENGHUA
YANJIU

付志平◎著

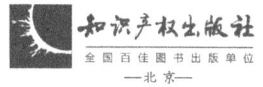

图书在版编目（CIP）数据

高校去行政化研究 / 付志平著 . —北京：知识产权出版社，2021.11
ISBN 978-7-5130-7788-0

Ⅰ.①高… Ⅱ.①付… Ⅲ.①高等教育—管理体制—教育改革—研究—中国 Ⅳ.① G649.21

中国版本图书馆 CIP 数据核字（2021）第 208865 号

责任编辑：王颖超　　　　　　　责任校对：潘凤越
　　　　　　　　　　　　　　　责任印制：孙婷婷

高校去行政化研究

付志平　著

出版发行：	知识产权出版社有限责任公司	网　　址：	http://www.ipph.cn
社　　址：	北京市海淀区气象路 50 号院	邮　　编：	100081
责编电话：	010-82000860 转 8655	责编邮箱：	wangyingchao@cnipr.com
发行电话：	010-82000860 转 8101/8102	发行传真：	010-82000893/82005070/82000270
印　　刷：	北京虎彩文化传播有限公司	经　　销：	各大网上书店、新华书店及相关专业书店
开　　本：	880mm×1230mm　1/32	印　　张：	5.75
版　　次：	2021 年 11 月第 1 版	印　　次：	2021 年 11 月第 1 次印刷
字　　数：	125 千字	定　　价：	49.00 元
ISBN 978-7-5130-7788-0			

出版权专有　侵权必究
如有印装质量问题，本社负责调换。

序

办好社会主义大学的艰难探索

付志平博士关于高等院校管理中去行政化的研究是对我国社会主义教育事业改革与发展的思考与探索，这是一项极有意义又极其艰难的研究，选择这样的研究课题本身就说明了作者的历史责任心与使命感。

办官学是中国的历史传统，虽然春秋战国时期由于中央政府的衰弱出现了办私学和百家争鸣的局面，但是，秦汉以后，办官学又成为主流。甚至从西方引进的近代大学模式，也没有脱离官办和行政化的基本特征，北京最早的大学堂的教职工甚至是官员身份。到现在，中国各级学校，除极少数企业私立学校外，也都有科级、处级、厅局级、副部级的行政级别。这种以公务员级别为"本位"的管理体制，应该如何对待，如何保留其优长，克服其缺陷，不是短时间内能讨论清楚的问题，也不仅仅是个理论问题。

研究我国大学的改革与发展问题，目的是让我们的大学能够更好地培养又红又专的人才，能够让我们的大学更多地出成果，产生出一流的科学技术和先进理论。而要做到这一点，就必须充分发挥全体师生的积极性与创造性，营造和谐自由的学术环境。那种命令式的、下级服从上级的关系不利于自由的研究和思考。

同时，我国大学的改革和发展又必须坚持社会主义方向，坚持党的领导，这是当代中国最大的民族利益，是我们一切工作的根本原则。当代世界有各种竞争，而中国特色社会主义方向和道路是最核心的竞争。我们希望和主张世界各国共同发展，和平共处，但是，资本和有产阶级对于社会主义却如鲠在喉，动员一切力量向社会主义发动进攻。资本主义的先发优势和意识形态的成熟，对于人们不知不觉地具有吸引力，在人民群众中，尤其在接受较多西方文化的知识分子当中有广泛的影响。这一切决定了我们在高校改革的过程中，必须考虑到政治方向问题，不能干扰社会主义事业这个大局。

企业不是行政机关，处于市场经济环境中，必须有经营的自主权。大学也不是行政机关，大学机关化、行政化，肯定不利于大学的发展，这种倾向必须克服和改革。改哪些方面，怎么改，改到什么程度，所有这些问题都要在探索中进行。付志平博士的研究会对这些问题的解决提供有益的参考。

高文新

2021 年 7 月

于吉林大学东朝阳路宿舍

目 录

第一章 引 言 ………………………………………… 1

　第一节　研究缘起 ………………………………………… 1
　第二节　研究目的与意义 ………………………………… 4
　第三节　研究内容 ………………………………………… 6
　第四节　核心概念 ………………………………………… 8
　第五节　文献综述 ………………………………………… 13

第二章　发达国家高等教育体制与社会主义教育理论……29

　第一节　发达国家高等教育体制比较与借鉴 …………… 30
　第二节　中国特色社会主义教育理论 …………………… 61

第三章　中国高校行政管理的历史沿革………………………81

　第一节　初创阶段的大学管理 …………………………… 81
　第二节　民国时期的大学管理 …………………………… 86
　第三节　1949年后高校行政管理体制 …………………… 89

第四章 中国高校管理行政化的成因与影响分析 … 109

第一节 政府过度干预 … 110

第二节 高校内部权力结构冲突 … 116

第三节 中国高校行政化现象对高等教育的影响 … 124

第五章 高等教育发展与去行政化 … 129

第一节 建立新型政校关系，落实高校办学自主权 … 130

第二节 构建新型高校法人治理结构，引入高校理事会制度 … 138

第三节 改变高校校长的产生方式，走校长职业化道路 … 148

第四节 实行高校内部大部制改革，推进行政、服务岗位职员制 … 154

第六章 构建中国特色的大学管理模式 … 161

第一节 中国特色大学管理模式具备的特征 … 162

第二节 中国特色高校管理模式的主要内容 … 164

第三节 中国特色高校管理模式建立的推进策略 … 167

第四节 坚持党的领导，建设特色鲜明的中国高校管理模式 … 169

参考文献 … 173

后　记 … 177

第一章 引 言

第一节 研究缘起

一、高校管理行政化问题的凸显

20世纪90年代末,学术界和各种新闻媒体对高校管理的行政化问题开始研究和议论,包括:高校行政化现象、内容,高校行政化带来的危害和影响;高校去行政化的方法路径;高校行政化和去行政化的辩证思考中哪些是必要的行政,哪些是一直困扰和影响中国高校改革发展的行政化问题。2010年2月,《国家中长期教育改革和发展规划纲要(2010—2020年)》(公开征求意见稿)发布,十分明确地提出"推行政校分开、管办分离"的办学模式,逐渐"探索建立符合高校自身特点的管理制度和相应配套政策,逐步取消高校内实际存在的行政级别和行政化管理模式"。2010年2月27日,温家宝总理和广大网友通过在线交流了解社会各界对高校行政化和高校去行政化的呼声,同时也提出了"高校应该去行政化,并取消高校实际存在的行政级别"这一观念。2月28日,教育部部长袁贵仁就高校去行政化问题作出了回应,表达了教育部作为国家教育主管部门对高校行政化和去行政化的看法和未来教育部作为教育行政主管部门的做法。在接下来的人大和政协"两会"召开期间,国内一部分高校校长和专家学者代表针对高校"行政化"和"去行政化"的问题发起了广泛而深入的讨论,而各种媒体的加入更不断增加了对高校去行政化问题讨论的热度。而且2010年国务院政府工作报告也提出了要深入推进高校管理体制和招生制度改革,进一步落实高等学校办学自主权,从而把对高校行政化和去行政化问题的讨论推向了高潮。在这场激烈的讨论中,南方科技大学校长朱清时成为高等教育"去行政化"的理论典型和实践先锋。至此,高校行政化与去行政化这个至关重要也是被看作中国高等教育发展瓶颈的现实问题在全国的讨论愈演愈烈,一时间成为政府和民众在全国范围内的热点话题。高校行政化与去行政化问题关系到中国高等教育改革成败,直接影响中国高等教育能否跻身世界强国,高校能否培养出世界一流人才。

  行政化是中国高校目前普遍存在的现象。建立于20世纪50年代的中国高等教育体制的一个显著特征就是高校行政化,行政体系在高等教育领域延伸。从高校外部看,历史、国情等客观原因和高度集中的计划经济体制给高等教育打上了深刻的印记。国家对高校的管理过于强调集权和大一统的管理,高校内呈现"千校一面"的管理模式。这种集权和统一阻滞了创新思维的养成,更严重的是,它使高校中"官本位"思想观念和"唯官是听、瞻官马首"现象泛滥,使中国高校的行政化倾向日趋严重、愈演愈烈。从高校内部来看,政府附庸式的科层管理结构,使高校行政化态势日益严峻,行政权力被扩大化后,学术权力就相对缩小,致使高校管理决策过程中出现行政权力与学术权力失衡的问题,进而出现了一些本应是学术权力协调的资源和学术群体获得的利益被行政方面占有的现象,致使科研、学术无法得到良好、有序、健康的发展。

二、高校管理研究的成就与缺失

从政府到民间、从政界到学界都认识到高校行政化问题会腐蚀高校的本原,影响高校的发展进程。政府层面已从正面出击,给予了高度的重视。从国家一直到各省、自治区和直辖市在《中长期教育改革和发展规划纲要》的制定中都明确提出了"取消高等教育领域实际存在的行政级别和行政化管理方式""克服高校行政化倾向"等。同时,教育部及各省、自治区和直辖市也先后进行了高校人事制度、管理方式和手段改革,实施管理岗位职员制试点、公开遴选大学校长、研究制定大学章程等有益尝试,从中取得了很多宝贵经验。

面对我国高校行政化问题的焦灼局面,人们不禁要问,到底什么是高校行政化?是行政管理、官僚体制还是指高校普遍存在的行政级别?为什么中国会产生高校行政化问题?其根源是什么？什么又是去行政化？如何以最小的代价实现高校去行政化？对这一系列问题的回答或解决需要关注高校行政化趋势。对高校去行政化改革进行思考和探索，也应认识到这是一次广泛、深入、持久的，内容涉及大学管理理念、价值观念、高校内部的组织架构、管理体制机制、方法手段等多方面的教育变革，同时也需要结合中国政治、经济、社会发展的实际情况，特别是中国高等教育的实际情况，在此基础上总结和借鉴发达国家的先进办学经验。

第二节　研究目的与意义

一、研究目的

本书在剖析以往政府与高校关系的基础上，试图厘清政府在促进高等教育发展过程中履行的职能和应规避的问题。同时，在力求完善高校内部治理结构的现实基础上，诠释高校管理去行政化之义，呈现高校管理行政化问题之相，探寻高校管理行政化之因，寻找高校管理行政化之道，审视规避高校管理行政化之思。高校去行政化并不是不要行政管理或单纯取消高校的行政级别，而是通过科学审视后重新定位政府与高校之间的关系，明确政府在高校办学中的责任。同时要在完善高校内部治理结构的基础上，明晰如何协调好高校内部实际存在的学术权力与行政权力之间失衡的关系，协调好二者之间的矛盾，如何确保高校办学的自主权不受侵犯，如何提高高校内部管理的效能。本书将致力于回答和解决这些问题，对高校去行政化改革进行思考和探索，寻求适合我国高校去行政化的可行路径和相关措施，以期中国高校在办学过程中既具有中国特色，又能依循高等教育规律科学、优质、高效地发展。

二、研究意义

（一）理论意义

本书的研究将有助于澄清大学管理体制改革中存在的一些困惑。如在大学管理体制改革中，究竟需不需要去行政化？去行政化是不是就是不要行政部门？何以界定高校行政化？如何去行政化？去行政化能否推动中国的高等教育发展？等等。

以往研究中零散提到去行政化的表象、原因、弊端及对策、建议等，本书通过追溯中华人民共和国成立以来中国高校行政管理体制改革历程，以及理性分析、研究外国高校管理体制改革的成功启示，并深入反思中国高校行政化的本质及其成因，进而探求破解高校行政化问题的治本之策。就理论而言，既有历史纵向的研究，也有与发达国家的横向的分析比较，为解决高校管理问题提供了新的视角和研究范式，应该是该研究领域的突破。

（二）实践意义

如何确保学术权力不受行政权力的干扰，回归高等教育学术本位的本原，是困扰高校的一大难题。本书致力于高校去行政化问题的探索，期待找到高校行政化的症结，并总结和探寻高校发展规律，为当下中国高校开展去行政化改革和实践提供可行的实现途径和措施，这对于改革高校管理体制，设计全新的高校管理模式，实现高等教育的理性管理和科学发展，具有重大的实践意义。

第三节　研究内容

本书以中国公立高校管理去行政化为主要研究内容，通过对中国公立高校行政管理体制的历史溯源以及发达国家和地区高等教育管理体制的比较，在尽可能详尽的分析和研究基础上提出适合中国公立高校管理去行政化的可行路径和相关措施。具体而言，本书从以下六个方面着手进行研究。

一是引言部分主要对本研究的缘起、研究目的与意义、研究内容等几个方面进行简略的介绍，确定高校管理去行政化的概念和范畴，并通过文献综述对国内外相关研究进行梳理、概括和总结，为本书的研究提供相应的理论依据。

二是发达国家高等教育体制与社会主义教育理论部分，一方面是对高校去行政化的比较借鉴研究，主要是对美国、英国、日本的办学体制和治理模式进行比较研究，并借鉴其经验，形成中国化的高校行政改革建议；另一方面是对中国特色社会主义教育理论进行总结概括，为深入研究奠定理论基础。

三是中国高校行政管理的历史研究，主要分为初创阶段的大学管理、民国时期的大学管理体制、1949年后高校行政管理体制三大阶段，对中国高校行政的历史沿革进行分析，综合运用马克思主义基本原理，并从政治学、管理学等多种视角，通过梳理找出高校行政化的症结与改革的切点，在全面分析基础上尝试性地提出科学的高校行政价值判断标准。

四是高校管理行政化的成因与影响分析，主要是对我国高校行政化表现、弊端及影响因素进行访谈和调查，经过分析、概括、总结后指出中国公立高校行政管理存在的问题、原因及影响。

五是高等教育发展与去行政化，是对高校管理去行政化的策略研究。综合上述研究内容，为高校去行政化提供有针对性和可行性的改革路径，主要包括建立新型政校关系，落实高校办学自主权，构建新型高校法人治理结构，引入高校理事会制度等方面，建立自治民主、整体优化、协调高效的内部管理机制。内容涉及在高校内部进行管理机构改革，重新确立和制定人事制度、教学科研管理制度等方面的综合改革。

六是提出坚持党的领导，建设中国特色的社会主义大学治理模式。

第四节　核心概念

一、高校行政管理

从本质上追根溯源，"行政"在根本和源头上就是管理。高校行政管理是高校管理者为达到办学目的，确保办学目标顺利实现，保证高校日常工作顺利开展实施的一种组织行为。它是促进高校不断发展所必须进行的一系列组织活动中的重要组成部分，是高校主办者和高校的管理者为实现和完成教学、科研、人才培养与社会服务等方面的目标或任务，依据学校章程等组织制度，采取必要的方法和手段，发挥行政自身的协调管理等方面的职能，促进办学目标和任务按计划和预期实现的组织行为。高校行政管理内容包括：协调处理高等教育领导与专家之间、教师与行政管理队伍之间、民主与集中之间、个人与学校之间、学校与社会之间、学校与政府之间的相互关系。在经济社会高速发展的今天，高校已经不再是计划经济条件下政府管理、高校执行的简单的办学执行单位，高校独立发展、自主发展的要求和身处复杂的经济社会发展环境使高校发展过程成为庞杂的运行体系。在这个庞杂体系运行过程中，高校行政管理起到的协调与管理、服务等方面的职能与作用越发凸显。在中国，高校是在党的领导下的涉及多个层面和利益主体的一个十分纷繁复杂的组织体系或者说是法人主体，它包括党、政、工、青等组织，也包括教师、学生等个人。学校设置了众多部门和学科建设、科研学术、教务考试、人事后勤等诸多单位，对这些部门和单位进行必要的协调和管理是保证高校向前发展和日常工作正常运行的基础。在一个拥有数万名师生员工的高校，这样庞大的高等教育组织体系里面，没有一套分工清晰、权责明确、规章鲜明、执行有效的行政管理机制为高校发展保驾护航，那么这所学校就会陷入无序状态，根本无法运行，更谈不上发展。

二、高校行政化

我们要对高校行政化进行研究，首先就要清楚地理解高校行政化的概念。"化"，在现代汉语词典里的解释是：加在名词或形容词之后的后缀，构成动词，表示转变成某种性质或状态。可以借鉴司法行政化的概念来对高校行政化进行解释。高校行政化是指高校在组织机构的设置及其运转形式方面，与政府机关在体制上有着基本相同或相近的属性，或者说，它是依照政府机关行政体制的机构构成和运行模式设置并运行的。就当下来看，我国高校行政化倾向可以分成外部和内部两方面。一方面，政府职能机构对高校管理存在的政府职能越位的外部行政化倾向；另一方面，就高校内部行政管理而言，在高校内部不同程度存在行政至上的"官本位"思想意识和管理运行过程中的行政化倾向。

高校外部行政化具体是指国家和政府教育行政主管部门在对高校进行宏观调控和具体事务干预时，完全把高校当作行政部门来对待，使用的管理手段、管理方式甚至管理理念与政府管理其他行政部门没有实质区别，有的时候甚至还存在政府和教育行政管理部门对高校发展和运行过程实施粗暴干涉的现象，政府履行职能过程中越位明显，把高校完全限定在政府画出的条框之内，严重束缚了高校的发展。

高校内部行政化具体是指在高校内行政管理部门和行政工作人员利用职务之便剥夺学术权力，以行政权力替代本来应该由学术委员会和教授委员会等学术组织和学者个人享有的学术权力，以行政管理手段处理学术事务。其显性特征包括：一是行政方面的责、权、利和学术方面的责、权、利之间分界模糊。存在以行政权力代替学术权力，行政权力经常性地甚至是制度化地越界以左右学术权力实施结果的现象，学术机构、学术组织集体和学者个人处在行政机构和某个人的行政权力管控和左右之下。二是学术权力的实施存在依从行政权力的倾向。学术权力在实施过程中不是以学术为本位，而是以行政为本位；不是真理至上，而是长官至上，奉行长幼尊卑、下级服从上级的行政处事规则，完全背离了学术发展的本真和宗旨。三是行政权力实施过程的"官本位"。本应服务于教学、科研的行政机构和个人不仅不是以服务者角色出现的，反而成为主控方。本质就是高校行政权力应该履行的职能是服务职能，现实却是行政权力成了高于学术权力的"官老爷"。

从高校外部行政化和内部行政化两个方面看,外部行政化的主要问题是政府把高校当作当然的下级对待,要求高校按照行政上下级关系执行政府决定,接受政府的管理,使高校成为唯政府之命是听的依附机构,从而使高校失去了按自身发展规律办学的独立自主特性;高校内部行政化存在的主要问题是在高校内部运行过程中,行政权力本质异化,遮蔽甚至取代了本应受到支持、服务、尊重的学术权力,纠其根源是传统的"官本位"价值观在作祟。

三、高校去行政化

所谓去行政化,单从文字表面意义上来解释,是指脱离、抛开、摒弃或去掉、除去行政化。这里说的去行政化并不是全盘从根本上去否定高校的行政管理职能,更不是武断地倡导在高校不设立或者去掉和抛弃高校行政管理部门和管理队伍。从高校科学发展、良性运转的角度而言,必要的、合理的管理行为是高校绝对不可缺少的部分,是高校取得发展的催化剂和根本保障,绝对不可以因噎废食、有极端认知行为和现象发生。从行政权力在高校的本质的职能定位出发,行政权力在高校应该是配合、服务、顺应高校发展所需,对高校内部学术和其他事务的参与度和协调范围应当有所为有所不为地控制在合理范围之内,不可角色混同,更不可横加干涉、不顺反逆。所以要强调说明,我们在高校管理中所强调去掉的行政化是那种行政权力至上的做法、官本位盛行的风气,把高校办成彻头彻尾的官场和衙门的那种不良倾向。目的是让人们认识到行政管理在高校中的真正职能定位，转变观念和认识，并依此指导实际工作，努力实现高校行政管理的科学合理转型、回归、优化和升级。

我们要减少政府对高校发展的行政干预，淡化高校内部行政化管理倾向。根本出发点是尽量减弱高校目前实际存在的行政化色彩，遵循高等教育发展规律，通过不懈努力，在高校外部和内部建立起紧紧围绕和服务科学研究、促进学术发展这个核心，其他一切工作都围绕服务学术展开的教育管理理念。

从外部来说，高校去行政化是政府减少或者降低对高校的干预。许智宏提出，高校去行政化的关键是政策上、体制上要有保证。要打破高校与政府的行政隶属关系，建立法治框架的高校和政府委托代理新型关系。❶政府应依法和遵循高等教育发展规律去尊重高校本身的主体地位，让高校享有按照自身意愿发展的自主权，从制度设计层面和管理实施层面乃至法律保障层面为高校享有独立性和自由度保驾护航。

从高校内部运行来说，去行政化是减少、避免甚至摒弃在高校内部进行行政协调和管理过程中存在和出现的行政化倾向。去除高校行政化倾向的关键点是建立起现代大学制度，从制度层面对学术自由、教授治学、实施多元化管理等作出明确的规定。现代大学理念的核心内容是学术自由、教授治学。而在制定现代大学制度过程中，兼顾和平衡行政与学术之间的相互关系，是依循高等教育办学规律和办学本质，体现现代高等教育办学

---

❶ 高校"去行政化"为何引争议［EB/OL］.［2010-03-08］.http://news.xinhuanet.com/politics/2010-03/08/content_13126481_2.htm.

理念，建立起符合时代特色和中国国情的现代大学制度的重点和难点。

第五节　文献综述

一、国内相关研究综述

近年来，高校行政化和去行政化成为国内关注的焦点问题。一些国内著名大学校长、知名学者、官员和民众都历数高校行政化的表现和危害，条分缕析造成高校行政化的原因，异口同声地认为高校去行政化势在必行。在高校去行政化问题的分析和争论中，有的学者对高校行政化的历史进行追溯；有的学者对高校行政化的内涵和范围给予解析和概括；有的学者厘清了高校行政化与去行政化的关系，廓清了教育去行政化改革的思路；同时，也有众多学者在理论和实践层面对高校如何去行政化进行策略研究。

（一）高校去行政化的历史进程

我们首先要了解一下去行政化是从何而来的。其实，最早提出去行政化的并不是教育领域，而是主要针对政府部门提出的，而教育领域的去行政化则是从 2008 年开始的。林善栋在

2008年的《去行政化与现代大学制度的建立》中针对去行政化与建立现代大学制度之间的关系，改变政府对高校的管理方式，变直接参与为间接管理等问题作了论述。❶2009年邵鸿指出了高校行政化的危害。❷同年3月11日的《新华每日电讯》报道称：大学精神回归，必须从"去行政化"做起。❸

高校去行政化的讨论越来越热，甚至有的大学在一片热议中开始了开创性尝试。2010年1月28日，《人民日报》报道天津大学新聘的7位院长淡化了行政级别。❹2010年11月1日，《法制日报》报道华中师范大学校领导集体退出校学术委员会，新的学术委员会均由无行政职务的教授组成，学术权力与行政权力有效剥离。❺2011年3月4日的《文汇报》报道了南方科技大学管理实行理事会制度，学校校长的职责是执行理事会的决定。❻2010年2月27日，温家宝总理在接受政府网、新华网联合专访时说："教育行政化倾向需要改变，大学最好不要设立行政级别，让教育家办学。"❼之后，《国家中长期教育改革和

---

❶ 林善栋.去行政化与现代大学制度的建立[J].教育评论，2008（6）：8-10.
❷ 邵鸿.改变行政化趋向 推动高等教育健康发展[EB/OL].[2009-03-08].http://www.gov.cn/20091h/content_1254044.htm.
❸ 易艳刚.大学精神回归，从"去行政化"做起[N].新华每日电讯，2009-03-11（3）.
❹ 朱虹.天津大学尝试"去行政化"——7位新聘院长淡化级别，一院长无行政职务，一院长自愿降级应聘[N].人民日报，2010-01-28（12）.
❺ 胡新桥.迈出高校去行政化改革第一步——华中师大学术问题由23名教授"拍板"[N].法制日报，2010-11-01（7）.
❻ 樊丽萍，姜澎.政府部门将不直接参与南科大的日常事务——理事会助推大学"去行政化"[N].文汇报，2011-03-04（7）.
❼ 温家宝.2010年2月27日在政府网、新华网与网友在线交流时谈话[N].人民日报，2010-02-28（2）.

发展规划纲要（2010—2020年）》出台，进一步明确了"推进政校分开、管办分离"的管理模式。2015年5月12日，国务院召开全国推进简政放权放管结合职能转变工作电视电话会议，首次提出了"放管服"改革的概念。2020年5月22日，李克强总理在《2020年国务院政府工作报告》中提出，要将"放管服"改革纵深推进，这给高校去行政化推进提供了有力的制度保障。

概言之，社会各界对高校去行政化的关注日益增多，人们对相关方面的研究也越来越深入。不仅学者在做深入的研究，国家也对教育领域的去行政化问题重视起来，做了一些法律规范方面的约束性尝试。相信在以后的政策法规中，关于高校去行政化会有明确的相关规定，高校行政化问题将被逐渐淡化，专家学者关注的行政化与去行政化问题将逐步得到解决。

（二）对高校去行政化内涵的理解

专家和学者对高校去行政化的内涵的理解各有见地。李厚刚、张延华认为，"高校行政化就是指高校的办学理念、职能配置、组织建构、运转机制、决策管理等方面呈现与行政机构相似的特征"；[1] 阙明坤认为，所谓去行政化，并非不要行政部门，而是指大学要以学术为本，由官本位回归学术本位，减少或者去除非学术因素对学术的影响；[2] 王洪才则强调，高校去行

---

[1] 李厚刚，张延华.浅谈我国内地部分高校的行政化[J].学习月刊，2006(24)：23.

[2] 阙明坤.高校"去行政化"关键在于建立现代大学制度[J].教育与职业，2010(28)：84.

政化实质就是"去官僚化",而不是去掉行政级别的符号;❶北京师范大学原校长钟秉林给高校行政化的定义为:所谓大学"行政化"是指以官僚科层制为基本特征的行政管理在大学管理中被泛化或滥用,即把大学当作行政机构来管理,把学术事务当作行政事务来管理;❷李立国等在《论高校的"行政化"和"去行政化"》中则认为,高校去行政化包括:按高校发展规律办学,按学术研究规律开展学术研究和学术管理,按人才成长规律育人,由热爱教育、懂得教育规律的教育家办学等四个方面。❸

杜希民、张鸽在《学术第一,教授治学,教育家治校——对我国高校去行政化的思考》中指出高校行政化的实质是社会官本位观念在高校的影响和官场文化对高校的渗透,去行政化的一个重要内容是树立新的大学办学理念。❹高校去行政化的更深内涵,并不仅仅是取消高校的级别,减少大学的行政职位,或者弱化学校的行政权力,其本意是要消解大学"官本位"的思想,弱化"官本位"行为。

综合所查文献来看,学者们对行政化、去行政化等概念都给了不同的定义和理解。由于行政和学术的范围,以及学校的发展不同,学者们对行政化、去行政化还不能有一个十分准确的定义。虽然他们定义的具体内容是不同的,但是定义的大致

---

❶ 王洪才.“去行政化”与“纪宝成难题”求解[J].高等理科教育,2011(2):5.
❷ 钟秉林.关于大学“去行政化”几个重要问题的探析[J].中国高等教育,2010(9):4.
❸ 李立国,赵义华,黄海军.论高校的“行政化”和“去行政化”[J].中国高教研究,2010(5):2-4.
❹ 杜希民,张鸽.学术第一,教授治学,教育家治校——对我国高校去行政化的思考[J].西安电子科技大学学报(社会科学版),2010(20):95-98.

方向还是相同的。"去行政化"的实质就是弱化行政权力对学术权力以及学校自身发展的影响。学者们对"去行政化"的外延说得比较多，而对其本质的解释还不是十分明确。我们需要从观念上和高等教育发展规律层面去理解"去行政化"。

（三）高校去行政化的范围

在对高校去行政化的研究中，很多学者对高校改革过程中涉及的去行政化界限进行了研究。主要观点是：高校去行政化就其本质说是"去官僚化"，高校去行政化并非不要行政，并非单纯套用西方大学办学模式，更不是摆脱党和政府对高校的领导。具体地说，有的学者提出对现有权力进行解构，减少干预、扩大自主权限、加强对权力运作的监控；也有的学者提出高等教育回归本原，实施教授治学、专家治校。2010年全国"两会"召开期间，《中国经济导报》就高等教育改革等热点问题进行了采访报道，并针对高校去行政化问题采访了三位委员。朱清时委员提出要依法治校；葛剑雄委员认为大学要有自主权，需要良好的机制；张泽委员认为目前高校受到的行政干预太多。❶《新华每日电讯》也提出了自己的观点，认为去行政化的精髓是规范行政权力，督促权力恪尽职责、恪守边界。❷

有的研究者明确提出应将高校去行政化的重点放在协调好高校与政府的关系和处理好高校内部行政与学术之间的内部治

---

❶ 季晓莉.高校要"去权"，也要"授权"[N].中国经济导报，2010-03-09（3）.
❷ 丁家勋."去行政化"的精髓是规范行政权力[N].新华每日电讯，2010-06-08（3）.

理关系两个方面。2013年,罗诚、魏崇君在《国外高等教育管理体制对我国高校去行政化改革的启示》中提出,新时期突出高校办学自主性是高校去行政化的基本出发点与落脚点,不但需要明确行政化管理方式与学术性管理模式之间的关系与界限,还应摒弃学术问题研究工作中的行政化解决手段,尤其是不能使用上层管理对下层人员进行压制,要注重学术化管理的主导作用,避免采取行政化方针政策解决问题。❶陈何芳在他的研究中指出,要改变高校行政化现状,迫切需要建立"教授治校"机制,从校级管理和院系级管理两个层面去行政化。❷

(四)高校行政化的问题和表现

陈合忠认为,从政府和高校之间的关系看,高校行政化倾向具体表现在以下四个方面:一是高校办学自主权不断萎缩;二是权责失衡;三是高校行政级别日益加强;四是高校校长都是由上级政府组织部门或者教育主管部门任命产生。从高校内部管理机制和实际运行情况看,突出表现在四个方面:一是行政机构系统成为高校中心管理部门;二是学术权力被弱化;三是高校内部"官本位"思想盛行,扭曲了学术的正常发展;四是高校中人们的价值追求被扭曲和异化,行政上位强势,人人以是否持有行政权力为追求目标,教授学者在这种风气的熏染下放松了对学术科研创新的追求而去搏得一个院长或者处长的

---

❶ 罗诚,魏崇君.国外高等教育管理体制对我国高校去行政化改革的启示[J].传承,2013(9):122-124.

❷ 陈何芳.教授治校:高校"去行政化"的重要切入点[J].教育发展研究,2010(13-14):68-73.

席位,这种风气严重扭曲了大学的价值观,背离了大学精神本质。❶

李厚刚、张延华总结了我国高校行政化存在的四种表现:第一,"官本位"意识浓厚;第二,层次分明的行政等级;第三,组织上的党政同构;第四,管理决策缺乏科学、民主。❷

王思婷把高校行政化造成的危害的具体表现和不良后果归纳为四个方面:一是大学行政化违背了教育规律,偏离了大学功能,使大学精神丧失;二是大学行政化容易滋生腐败,破坏学术气氛,败坏高校风气;三是行政化使高校难以提供称职师资;四是学生权力化、庸俗化。❸

付英桂、赵永行认为,高校行政化限制学术生产力,高校行政化是当前高校存在诸多问题的根源,如专家学者也加入到追逐权力的行列,大家都往"官场"里挤,致使出现很多行政职务、专业职称、学术组织负责人这些职务"一肩挑"现象。专家学者忙于日常交往和行政应酬,处于分身乏术的境地,没有时间和精力专注于治学、治校,专注于如何培养优秀人才,专注于如何向学术高峰攀登等。❹

李立国等人认为,高校行政化的表现可分为内部和外部两个方面。高校外部行政化表现在政府把高校当作行政部门来管,

---

❶ 陈合忠.大学去行政化问题研究[D].呼和浩特:内蒙古农业大学,2011.
❷ 李厚刚,张延华.浅谈我国内地部分高校的行政化[J].学习月刊,2006(12):23-24.
❸ 王思婷.高校"去行政化"研究述评[J].法制与社会,2011(21):157-158.
❹ 付英桂,赵永行.我国高校"行政化"评价研究文献综述[J].江西教育学院学报,2011(5):23-25.

管理思想和理念也是行政思维方式。高校内部行政化则表现为高校内部以行政为核心，而不是以学术为核心，高校内本该体现学者治学、专家治校，本该由学术人员享有的决定学术事务发展的权力被行政人员这样的非权威所掌握，在作出针对学术事务方面的决策时采用的决策方式或议事规则变成了行政化解决方式，用行政管理方式来处理学术事务。❶

吕婧在《我国高校"去行政化"分析与对策》中提出高校教育行政化的表现有高校发展带有政府意志印迹，行政化滋生"官本位"思想，忽视学术精神的重要性，学术事务受制于行政权力，行政管理体系日趋庞大，人力资源配备问题凸显。❷

曾明荣在《我国高校去行政化改革问题探析》中分析得出高校内部行政化所产生的弊端：高校行政权力垄断学术资源现象严重，高校教师追逐行政权力现象盛行，高校机构臃肿，行政人员过多。❸

刘磊在《高校学术系统内部去行政化探究》中指出高校内部管理系统中存在的诸多问题，如主客体之间存在的权力本末倒置问题、资源浪费、价值位阶倒置、人员堆积问题等，总结提出高校管理体制的改革势在必行。❹

---

❶ 李立国，赵义华，黄海军.论高校的"行政化"和"去行政化"[J].中国高教研究，2010（5）：2-4.
❷ 吕婧.我国高校"去行政化"分析与对策[J].科技与管理，2011（2）：128-130.
❸ 曾明荣.我国高校去行政化改革问题探析[J].甘肃科技，2010（21）：180-183.
❹ 刘磊.高校学术系统内部去行政化探究[J].教育评论，2016（4）：56-59.

（五）高校去行政化路径选择和应对策略

目前，在国内学术研究领域内，对高校去行政化的探讨焦点还是在去行政化对策方面。通过对专家学者研究内容的梳理，本书把去行政化对策研究归纳为以下几方面。

一是从根本上淡化和解决普遍存在的"官本位"价值观。王长乐提出，在我国高校去行政化需要有一个根本前提，那就是代表政府的那些行政决策者们对大学办学的本质认识和大学职能要从根上清晰和转变，更为主要的是国家负责高等教育的领导决策层对高校中党政之间的关系的理解要实现本质改变。❶ 刘尧提出：从外部来说，要将整个社会大环境作为出发点，淡化人们习惯和接受的功利思想；从内部看，要从核心部分入手，在高校管理过程中坚决剔除用"官本位"的思维习惯审视大学、处理高校内部事务的现象。❷

二是尽快建立权责明确的现代大学制度和大学章程。从构建现代大学制度的视角分析高校去行政化管理工作中存在的问题与难点。从现阶段与高校管理的相关学术报告来看，有关去行政化的文章还是比较多的，其中不乏站在现代大学制度角度上进行去行政化研究。宣勇认为，高校去行政化必须依循现代大学制度，不断完善高校内部和外部治理结构，解决这个问题

---

❶ 施婷，刘艳红.大学有效治理的探索与追问——王长乐教育思想研习札记[J].山西高等教育，2016（9）：8-13.

❷ 刘尧.舆论热点视域中的高等教育一年变迁[J].上海教育评估研究，2019（5）：28-34.

的有效和根本方法是大学章程建设。❶ 张发旺认为，改革高校内部治理结构关键是要制定现代大学制度和大学章程，使高校内部结构治理有章可循、有法可依。❷

三是建立科学有效的协调机制，为合理配置资源提供保障，确保学术和行政两种权力之间合理融通。康翠萍提出：在现行的高等教育管理体制中"以省为主"的职责权限还没有得到落实。❸ 张光慧提出应推行"教育凭证制度"。❹ 李从浩则认为，从高校资源配置方面考虑，必须确保学术发展是根本取向，教学优先是前提，一切工作要本着向教学、科研和人才培养一线倾斜的原则。❺ 燕爽的观点是，要建立起学术组织及其完善的议事规程，为教授治学提供制度和政策层面的保障。❻

四是厘清政府和社会与高校之间的关系。刘尧认为，高校去行政化要从转变政府职能入手，打破高校和政府之间的行政隶属关系。❼ 李立国等认为，要实现落实和扩大高校办学自主权，就要求政府一要转变职能，二要转变管理方式。同时，要提高

---

❶ 宣勇.建设世界一流学科要实现"三个转变"[J].中国高教研究，2016（5）：1-6.
❷ 张发旺.关于高校"去行政化"几个问题[J].当代教育与文化，2010（3）：96-101.
❸ 康翠萍.我国高等教育行政体制的主要弊端及政策选择[J].沈阳师范大学学报（社会科学版），2010（4）：147-151.
❹ 王思婷.高校"去行政化"研究述评[J].法制与社会，2011（21）：157-158.
❺ 李从浩.大学学术权力与行政权力的冲突之辨[J].中南民族大学学报（人文社会科学版），2009（3）：177-180.
❻ 燕爽.论教授治学：责任、途径、保障[J].国家教育行政学院学报，2010（8）：51-55.
❼ 刘尧.高校去行政化之路还有多长？[J].河南教育（高教），2016（7）：59-61.

学术委员会的权力和地位。❶陈伟认为，突破行政化陈弊，打破"溺爱＋钳制"式教育管理逻辑，可以实行"三步走"战略：第一步是实施教育改革，使教育回归教育本应存在的轨道；第二步是为教授治学、教育家办学提供广阔的权限和空间；第三步是遵循否定之否定规律，科学合理统整"学校—政府—社会"三者之间的关系。❷2016年，高俊杰站在行政体制角度，对高等院校摆脱行政化规制的方法展开探究，在《论高校去行政化的基本原则》一文中对政府规制高校是否合理、政府干预高校是否合理等问题进行了探究等。❸

五是改变大学校长产生方式，实行遴选制度，积极推进人事制度改革，推行行政人员聘任制和职员制。陈金圣、钟艳君对此有比较系统的研究，他们从大学校长、从事学术研究的人员、从事行政管理的人员三个层面对这些人员的职责定位进行分析研究，对他们的任用和工作方式等进行了分类总结，从而得出中国高校去行政化就要进行人事制度改革，这种改革的重要举措就是实现校长职业化，在高校实施全员聘用制管理模式下的行政管理人员职员制和针对教师的"双轨型"聘任制相结合的改革构想。❹另外，罗欣还提出改革薪酬标准，对不同类别、不

---

❶ 李立国，赵义华，黄海军.论高校的"行政化"和"去行政化"[J].中国高教研究，2010（5）：2-4.
❷ 陈伟."三步走"解决教育行政化问题[J].教书育人，2010（14）：14.
❸ 高俊杰.论高校去行政化的基本原则[J].法治社会，2016（3）：28-37.
❹ 陈金圣，钟艳君.大学行政化：内涵、生成与矫治[J].山西师大学报（社会科学版），2010（5）：127-130.

同岗位工作人员给予不同薪酬的制度构想。❶

六是重新建构高校评估制度，推进激励和竞争机制，按照多元利益主体原则，使办学管理体制多元化。谭正航、尹珊珊认为，应构建政府和高校之外的第三方评价机制，让社会相关利益主体人员和机构参与监督评价。同时，在高校内部建立起以学术权力为主导的民主监督测评机制和高校事务的综合评价体系。❷全国政协委员邵鸿提出，为强化高校学术委员会的权力、学校教代会的权力，政府必须支持高校尽快制定出台《高等院校信息公开条例》，加大高校涉及发展建设、人才引进、学术研究、职称评聘等重要信息的公开透明度。❸

二、国外相关研究综述

"政学分离"这种教育管理模式在美、日、英、法、德等发达国家早有施行。在西方发达国家高校不再受"官本位"、行政化侵扰，无论是从外部还是高校内部，高校都有充分的自主权，能够实现自主管理，实行高度自治。西方国家关于高校行政权力研究的热点问题不是行政化和怎样去行政化，研究者研究的主要方向是高校行政权力的特性和运行模式等。在这些

---

❶ 罗欣.我国公立高校"去行政化"问题探究——基于内地高校与香港高校的教育制度比较［J］.网络财富，2010（15）：4-5.
❷ 谭正航，尹珊珊.高校办学自主权的落实和扩大与政府高校管理去行政化研究［J］.现代教育科学，2015（3）：5.
❸ 章兢，徐少华.基于协调学术权力与行政权力的管理体制和运行机制设计［J］.中国高教研究，2010（11）：64-66.

研究者中，比较有代表性的是帕森斯、布鲁贝克、伯恩鲍姆、托尼·布什、凡尔赛、雅斯贝尔斯、迈克尔·夏托克等。

（一）以高校行政权力运行特征，即办学自主权为研究焦点

美国的帕森斯（Parsons）在研究美国高校组织特征和社会其他组织的本质特征基础上，对各种组织类型进行分析比较，在明确高校区别于其他社会组织特性之后，详细阐述了美国高校行政权力运行的特性，并指出，在美国，高校行政权力区别于政府等行政部门的行政权力，这种权力不同于人们通常理解和认为的那种等级森严的科层制权力。他认为，高校的本质属性决定了它的组织特性是一种独特的"逆权威"类型的组织，高校的行政管理部门受明确的规定约束，其行政管理权威因受到制度约束使其干涉教师的职权范围得到明确监控。高校注重教师的职务占有制度，崇尚学术自由，自主办学、学术研究自由在足够的开阔领域内不被行政权力干扰。❶美国学者约翰·S.布鲁贝克从哲学角度阐明了学术自由的概念，为研究者探讨政府与高校之间的关系提供了依据和启发，给美国高校自主办学提供了理论支撑。❷罗伯特·伯恩鲍姆（Robert Birnbaurm）认为高校管理包含了行政和教师两大系统，高校治理的主要任务是使两个体系享有的权力得到平衡发展。❸

---

❶ Talcott Parsons, Gerald M.Platt.The American University [M]. Cambridge, Massachusetts: Harvard University Press, 1974.
❷ [美]约翰·S.布鲁贝克.高等教育哲学[M].王承绪，郑继伟，张维平，译.杭州：浙江教育出版社，2001.
❸ [美]罗伯特·伯恩鲍姆.大学运行模式：大学组织与领导的控制系统[M].别敦荣，译.青岛：中国海洋大学出版社，2003.

（二）以高校运行模式，尤其是董事会和中介机构介入为研究焦点

英国教育管理家托尼·布什（Tony Bush）在《当代西方教育管理模式》一书中系统总结了发达国家的教育管理模式。❶ 美国威廉·伯格奎斯特（Willian Bergqvist）通过研究总结归纳出学术机构四个类型的文化模式，即学院模式、官僚模式、发展模式和协商模式。学院模式存在和发展的前提是个人权威，官僚模式注重的是层次鲜明的各级行政权力，发展模式更加注重的是组织内部的民主管理，协商模式强调对利益冲突进行协调。❷

19世纪末至20世纪初，美国的凡尔赛（Versailles）在《美国大学的非常时期》中提出：促进高等教育的发展必须处理好高校行政化与学术自由之间的不协调因素。❸ 德国的雅斯贝尔斯（Jaspers）在《什么是教育》一书中指出对大学价值的评判标准，其核心内容不是行政，而是学术，学术是处于行政权力之上的权力。❹

西方国家注重在高校与政府之间建立起中介机构来协调高校与政府的关系，如英国的大学拨款委员会（the University Grants Committee，UGC）。大学拨款委员会的设立使高校既得

---

❶ [英]托尼·布什.当代西方教育管理模式[M].强海燕，译.南京：南京师范大学出版社，1998.
❷ 胡仁东，马飙.冲突与融合：大学组织的文化解读[J].徐州：徐州师范大学学报（哲学社会科学版），2010（1）：130-134.
❸ [美]凡尔塞.美国大学的非常时期[M].孙传钊，译.北京：北京大学出版社，2010.
❹ [德]卡尔·雅斯贝尔斯.什么是教育[M].邹进，译.北京：生活·读者·新知三联书店，1991.

到了国家资助又有效保证了大学自治,使政府很少干涉高校的内部事务。英国的成功做法得到许多国家的效仿,如印度、斯里兰卡等国也纷纷建立了大学拨款委员会,以澳大利亚为代表的一些国家成立了第三级教育委员会等中介组织机构,以协调政府和高校之间的关系。

此外,美国、日本、德国、英国等国家的专家学者也都著书立说,研究政府与大学的关系、高校行政权力运行和大学自主权与高校自治等相关问题,意图探寻解决高校发展过程中遇到的困惑问题的因果之道。如英国学者迈克尔·夏托克(Michael Shattock)的《高等院校宏观调控管理》❶、美国学者雅罗斯拉夫·帕利坎(Jaroslav Pelikan)的《大学理念重审:与纽曼对话》❷以及罗伯特·伯恩鲍姆的《大学运行模式:大学组织与领导的控制系统》❸等。发达国家的研究专注于高校行政权力的运行特质、运行模式、权力结构类型以及如何提高高等教育管理效率等,从理论与实践方面构建了诸多权力结构模式,其权力主体涉及行政管理人员、以教授为代表的学术研究者、调控高校运行机制的董事会等,但这些研究中通常忽略了学生作为高校利益主体的一个主要方面的权力诉求。从某种意义上来说,发达国家高校中的行政权力是为处理高校内部事务的需要产生的日常性

---

❶ [英]迈克尔·夏托克.高等院校宏观调控管理[M].丁安宁,译.南京:江苏教育出版社,2009.
❷ [美]雅罗斯拉夫·帕利坎.大学理念重审:与纽曼对话[M].杨德友,译.北京:北京大学出版社,2014.
❸ [美]罗伯特·伯恩鲍姆.大学运行模式:大学组织与领导的控制系统[M].别敦荣,译.青岛:中国海洋大学出版社,2003.

事务处理权力，是适应高校发展自然衍生出来的结果，是确保教学运行和学术活动以及高校沿着符合办学理念、办学宗旨、办学目标的科学轨道运行的必要组成部分。

总之，前面提到的有关高校行政化等内容的论述，其研究范围基本上涵盖了高校管理行政化的表现、危害、原因以及去行政化的出路等各方面的内容，在中国学术界均产生了一定的共鸣。尽管如此，笔者认为以往的研究还存在一些不足和问题。第一，研究者论述的问题中有表现，表现中有问题，概念之间有些混淆。这说明多数研究者对中国高校行政化的认识不够清晰。第二，学者们从微观方面论述高校行政化的研究比较多，宏观方面的比较少。国家对高校的行政化管理包括哪些，通过哪些政策法律文本表现出来，学者们对这些方面的研究比较少。第三，对高校管理行政化问题的成因、危害的本质分析还不够，尤其是对隐藏在其背后的政治、经济、文化、历史传统等因素分析得还不够。第四，实行拿来主义，片面强调借鉴国外模式和经验，没有立足国情解决实际问题。第五，从研究视角上看，没有运用多学科视角尤其是没有从哲学、政治学、行政管理学等多种视角分析教育去行政化问题。第六，在建立科学合理的运行机制等方面的分析还不够。

有鉴于此，在参考和借鉴国内外相关研究成果的基础上，笔者结合我国高等教育改革和发展实际，以中国特色社会主义教育理论为支撑，采用文献法、历史研究法、综合比较法等，逐渐深入地探寻当前我国高校行政化的现状、原因，分析借鉴发达国家的先进的高等教育办学理念，进而从国际化和中国化的高度提出高校去行政化的实施策略。

第二章　发达国家高等教育体制与社会主义教育理论

在各国高等教育发展的历史过程中，由于其发展的社会历史背景不同，高等教育发展的起始时间不同，高校办学主体不同，高校所处的社会制度环境不同等多种因素影响了高等教育发展程度，也影响着高等教育管理体制和高校内部的管理和运行方式。不同的国家、不同的高校具有不同的管理体制和运行机制，彼此之间互有值得借鉴的科学管理方式和手段，也有不同的管理理念支撑。

第一节　发达国家高等教育体制比较与借鉴

一、高等教育管理体制中政府职能实现的方式

发达国家对高等教育的管理采取间接的管理方式，教育管理权主要在民而不在官，这种管理权力掌握在家庭、个人和教会手中。伴随着资本主义的发展，国家开始逐渐重视和加大对高等教育的控制力度。追溯其发展历史，从中世纪开始到今天，可以把高等教育管理体制划分为中世纪大学自治模式、基于大学自治的政府介入模式、自治与控制多元并存模式、政府管制加强以及以合作为基础的多元治理模式。

（一）中世纪大学自治模式

"大学是一个独特的既分裂又分权的社会的偶然产物。"[1] 从 11 世纪开始，由于地中海沿岸地区经济复苏并相对取得快速发展，开始出现"自治城市"。在这些"自治城市"中的商人

---

[1] ［美］伯顿·克拉克.高等教育新论——多学科的研究［M］.王承绪，徐辉，郑继伟，等译.杭州：浙江教育出版社，2001：27.

和手工业者根据自身利益需求自发地组成了要求独立自治的各种社团性质的行会组织。大学就是在这种有分权性质和需求的社团组织影响下发展起来的。

中世纪，西方国家的政府与大学关系以"大学自治"为主要体现形式。这段时期，大学自主管理权比较独立，政府对大学的干预和约束很少。从社会情况看，社会权力是明显的二元权力结构，主要体现为教权和皇权之间的抗争。没有哪个权力是至高无上的，社会权力没有绝对权威也没有权力核心。这种社会权力的二元结构是宗教和世俗权力共存的二元结构，皇权和教权都宣称自己的权力继承自古代罗马皇帝，生存在这样的社会二元权力结构当中，大学可以从教会和政府那里分别得到特权。其特权包括以下几个方面。

第一，中世纪的大学可以自立特别法庭，教皇授予大学教授以裁判权，任何他人在与大学师生交往中发生诉讼纠纷，都要通过大学来审理。这样的结果显而易见，大学师生的权益一定会得到保障甚至导致大学以外的诉讼他人一定败诉。

第二，中世纪的大学在处理内部事务的过程中拥有相对完整的自治权。在这个高等教育发展时段，依据大学内部事务的治理主体来划分可以把大学治理分成两种类型，其中一类是以巴黎大学等北方大学为代表的"教师自治"类型，这种自治类型又可以称为"教师行会"自治类型；另一类是南方以博洛尼亚大学为代表的以学生参与学校管理为特征的"学生自治"类型，也称为"学生行会"自治类型。虽然两种自治类型的大学管理主体不同，但两种类型大学之间有一个明显的共同点就是都反对外界因素干预大学的自我发展。学生行会治理类型的大学通过迁移学校的方式躲避外界干扰，教师行会治理类型的大学采取罢课等手段对外界的干预进行抗议和反对。德国著名教育家雅斯贝尔斯在《大学的理念》一书的前言中就明确地提出了"大学是一个由学者和学生共同组成的追求真理的社团"。❶ "中世纪大学从一开始建立就在一定程度上使整个欧洲面貌为之改观，大学在教会与政府之间处于一种微妙的地位，成为与教权和政府并列的第三种力量。"❷ 但大学享有的这种自治是相对的，教会和政府对大学的干扰还是事实存在的。例如，1481年法国国王路易十一下令禁止巴黎大学讲授唯名论者的观点和学说。法国国王路易十二曾发布命令，废止和取消教师享有的停课权和师生们享有的免于刑事和民事处罚权。教权对高校的干预也不曾间断，1217年，教皇曾派托钵僧进驻巴黎大学参与大学事务，从而加强教会势力对大学的控制。

第三，中世纪的大学教师和学生享有不交赋税、不服兵役的权利。在中世纪，因教权、皇权、王权、土地占有权等激发的战争频繁，但就是在这种情况下，大学的自由发展也得到了基本保证。例如：为了能使师生们专注于学术研究和学习，教会和政府陆续赋予和认可教师和学生可以不缴纳赋税、不服兵役的权利。1385年，海德堡大学得到罗伯特一世亲授特权："在我们所属的土地上自由往来，其所携带求学所需要的一切物品

---

❶ Karl Jaspers.Tlie Idea of the University［M］.London：Peter Owen Ltd.，1965：19.
❷ 赵大宇.权利与责任——政府与大学关系之研究［M］.哈尔滨：黑龙江人民出版社，2003：12.

都免除捐税、进口税、租税、监务税以及其他苛捐杂税。"❶

大学规模在这段时期得到迅速发展，12世纪的4所大学——博洛尼亚大学、牛津大学、萨勒诺大学、巴黎大学，到13世纪已经发展到了16所，14世纪又增加了14所大学。这段时期，大学与地方政府、教会之间曾发生过一系列冲突，冲突的结果是使大学成为其中的最大受益者。这种受益的表现是：14世纪中期，大学在冲突中获得了教会和政府认可的一系列特权，主要包括"免税免役权和司法审判权、颁布任教特许权和授予学位的权力、罢课和迁校权等"。❷ 这些特权的行使充分说明中世纪的大学从诞生那天开始就享有较大的自主权，从而使大学在和社会其他利益群体交流过程中能够保持相对独立性，使大学避免沦为社会其他部门的附庸。

总的来说，这段时期大学发展成一个行会类型，而且这个"行会组织"也同时享有很多特权，中世纪的大学在和政府、教会不断的矛盾冲突和交锋过程中日益完善和加强自治管理模式。

（二）基于大学自治的政府介入模式

19世纪末20世纪初，由于国家、政府和社会对世俗化人才培养和应用技能型人才培养的需要，促使高校调整了以往传统的教育目标，这个时期的教育目标、课程设置、招生情况都要迎合政府的需要设定。随着社会政治经济不断发展，政府的经济地位和政治地位不断提高，其社会管控范围和影响力也不断

---

❶ [美]克伯雷.外国教育史料[M].武汉：华中师范大学出版社，1991：175.
❷ 陈列，俞天红.西方学术自由评析[J].高等教育研究，1994（2）：4.

扩大，政府职能扩大和力量逐渐增强使政府越来越能与以教皇为代表的教权相抗争，政府可以更大范围地干预大学事务，主要表现在以下两个方面。

一方面，随着社会政治经济的进步和发展，政府在高等教育世俗化进程中处于举足轻重的地位，发挥着非常重要的作用。中世纪大学的建立都与宗教有着密不可分的关系，因此从其诞生那天开始就与宗教和宗教组织结下了深刻的历史渊源。更确切地说，中世纪时期的大学从其办学宗旨上看是教会大学，大学是以宣传和传承宗教教义和宗教精神，培养神职人员为办学宗旨的教育。"经过文艺复兴的洗礼和宗教改革后，因为社会的发展和政府需要大量的官员和世俗人才，高等教育便走向世俗化。"❶中世纪的大学主要是培养神职人员，对于其他人才的培养也只是极少的适应社会发展需求的专业人才，学生毕业后绝大多数都会被安排到各地的教会工作。只有到了文艺复兴时期，中世纪大学才逐渐开始加大比重培养能够适应国家和社会治理需求的治理者和社会发展需求的专业人才。大学的主要任务逐渐转化为为社会政治经济发展服务、为政府服务。从这个时期开始，社会名流、行会商人、自由民以及其他社会民众开始更多地进入大学学习。即便是在英国，大学一直以来标榜以培养绅士为传统，但由于受到社会政治经济等环境因素变化的影响，到了这个时期，其办学和人才培养向着世俗化方向发展的倾向也变得非常明显。

---

❶ 张应强.高等教育现代化的反思与建构[M].哈尔滨：黑龙江教育出版社，2000：78.

另一方面，当高校发展滞后于社会发展时，政府就运用自身的权力加强对高校办学方向和人才培养类型以及高校研究方向的控制，政府通过对高校的干预促使高校通过改革向前发展以适应社会政治经济发展需求。政府对高校的干预方式包括两种：一种方式是政府的管理机构和这些机构的管理者积极主张进行高等教育改革，他们从政府和社会发展需求角度出发对高校提出批评，认为高校不应该对新科学持排斥和审慎小心的态度，进而强调高校在传授知识方面应该注重实用性和学生所受教育的专业性和职业化，督促高校设置的教育内容和确定的办学方向要与社会政治、经济、文化、科学技术发展相适应。另一种方式是通过政府直接支持建设新的学术研究院所等敦促原有的高校沿着政府需要和设计的思路进行改革，甚至以新建高校去替代那些不肯同政府意愿保持一致的高校。法兰西学院和英国皇家学会就是在政府支持和主张下建立起来的学术研究机构。

总的来说，在这段历史发展进程中，各国政府通过多种方式和手段加强了对高校内部和外部事务的管控力度，政府也通过不同方式使其对高校的干预波及高校的各个角落，从而使大学独立自主办学的空间越来越小。但由于传统而长期的自由、自治等因素深刻影响了高校的发展进程，政府在对大学的改造和干预过程中，大学为保持原来本色也给予了积极有效的抵制，也正由于受到传统的自由主义思潮的长期影响，政府在高校办学中仍然只是扮演配角，政府和高校之间两种力量博弈，高校的自治力量还是胜过了政府的干预，在两者之间的抗争中高校还是占据了优势。

（三）自治与控制多元并存模式

从19世纪初到20世纪上半叶，在欧洲发达国家中社会经济和科技发展经过了资产阶级工业革命的洗礼，"政府的积极统治职能极为突出"❶。随着生产力和资本主义社会政治经济的发展，先前只是"扮演配角"的政府，由于社会发展其职能定位越来越显现极大的局限性，大家开始认识到政府不能只是"配角"，它应该在社会政治经济发展过程中掌控更多、参与更多。在对高校的管理方面，有些国家把高校直接纳入政府管理系统之中，使高校办学和发展以及日常运转等方面都处在政府严密的管控之下。在这段时间里，对高校实施集权控制模式的代表国家是法国。资产阶级革命胜利后，在法国国内人们开始信奉和流行国家主义价值观，法国民众和政府也都认为高校应该为政府服务，高校的任务是培养对国家忠诚和为国家尽职尽责的人才，高校也理所当然地成为国家主办和依法管理的一个组织机构。法国在拿破仑执政时期先后关闭了巴黎大学等20多所高校，政府支持或者直接参与创办了符合政府意愿的大学。同时，这一时期政府确立的"教育是国家的事业，国家应该干预教育"的原则一直流传下来。❷ 在一些国家，高校受到自治传统影响的历史悠久，高校自治的根基深厚，高校自治的力量与政府相比仍然具有比较大的优势。在这种情况下，由于自治力量的抵制

---

❶ 施雪华.政府权能理论［M］.杭州：浙江人民出版社，1998：230.

❷ 杨汉清，韩骅.比较高等教育概论［M］.北京：人民教育出版社，1997：174.

第二章　发达国家高等教育体制与社会主义教育理论

使政府施加给高校的干预和价值期待还不能完全实现，高校的自治权优势仍然非常明显。例如，这个时期的英国是"高校自治模式"典型。自治和自由一直是英国高校办学的基本治理理念和逻辑基础，即使是在欧洲各国政府对那些不符合政府意愿和期待的高校给予改造和停办的时候，面对政府和周围环境给高校带来的巨大压力，英国高校也不为所动地坚持古典人文教育的传统，令英国政府束手无策。从1881年开始，英国政府只是通过控制高校的财政拨款这样的间接方式干预高校事务。到1919年，随着"大学拨款委员会"的成立，英国政府连原有的通过政府拨款间接插手高校事务的权力也被剥夺，高校自治从此被以法律形式固定下来，政府对高校的干预程度降到了最低点。这段时期，英国的大学拨款委员会在制衡政府与高校关系方面起到了非常明显的作用，促进了"政府—中介机构—高校"三者之间围绕高校发展和治理架构起的这种独特的关系模式的形成。

在欧洲，以德国为代表的一些国家较好地协调了政府与高校之间的关系，高校寻求自由与自治的诉求与政府为使高校适应和符合社会政治经济发展需要而要通过干预高校事务实现政府期待，二者之间能够在高校发展中通过协调找到比较和谐的平衡点。德国成为"协调模式"的典型。德国政府在全国范围内开始了包括政治、经济、文化、教育等涉及各个领域的全方位深入改革。政府提出教育改革是为了国家振兴，在大力创办教育过程中介入高校事务。另外，出于长远利益的认识和思考，政府在介入高校事务过程中并未对高校教学、研究等学术事务过多干预，反而在这些方面给了高校广泛自由权，高校能够接受政府对其内部事务的适当干预。因此，这一时期德国政府与高校之间的关系较为和谐。

在美国，"市场竞争模式"被引入政府干预高校和高校寻求自主权独立的关系博弈过程中。美国独立战争后，国家制定了各种法案，以法律确立了美国国家行政制度模式，《联邦宪法》是美国的基本法，美国《联邦宪法》的制定是基于对"国家主权"的强调和"有限政府"原则的把握。在"有限政府"原则下，《联邦宪法》规定：政府是有限的政府，其权力应该是受到控制的有限权力，政府权力不能滥用，需要法律和制度的限制。由于《联邦宪法》明确限定了政府的权力范围，政府在相当长的一段时期里试图通过创办国家大学实现强化对高校的控制的目的都以失败告终。美国高校主要采取"适者生存、优胜劣汰"的高等教育管理原则，美国高校多元化办学导致其办学主体不同，使高校逐渐分化为不同的办学层次，因而高校之间的竞争通常只是在同一层次和水平的高校中展开。正因为高校之间存在不同的层次，所以其竞争的必要性也就很小。

（四）政府管制加强

从第二次世界大战结束到 20 世纪 80 年代末，世界各地纷纷掀起了独立解放运动，在这期间独立的一批曾经被殖民统治的国家和地区成为主权国家。在这样的格局下，高等教育要服务于政府和社会政治经济发展的工具性不断显现，各国的政治力量纷纷介入高等教育，高校开始被国家和政府主宰。政府的介入和操控促使高校将学术研究、学科建设和人才培养与社会政治经济发展现实紧密结合起来。由此,在相当长的历史时期里徘徊在社会边缘的大学,由于其职能得到不断强化和显现,逐渐步入国家和社会的政治经济文化发展的中心区。政府越来越重视高校在国家振兴和社会政治、经济、文化等方面发展中起到的巨大推动作用,政府也越来越要求高等教育与社会的科技发展、政治经济和文化发展协调适应,所以国家政府更重视通过立法、行政、司法和经济手段掌控高校的改革与发展。

自 20 世纪 70 年代开始,西方各国都通过改革来改善和促进高校与政府、社会之间的关系。各国的改革以更好地发挥高校在社会政治经济等方面的发展中的重要作用为背景,围绕"如何促进高等教育高度社会化,使高校与社会之间形成良好的互动机制"和"如何解决好高校自身的发展规律与服务社会的矛盾,确保高校不断向前发展"这两个主题展开。这个时期,大学重要性的凸显和被认识使政府对大学的管控也随之增强,但政府也逐渐减少对大学的直接管理,开始尝试性地使用间接的管理方式,通过立法、经费资助、加强计划调节和设立中介机构等手段多渠道、多方式地强化对大学的管控。这里的立法是指通过法律形式规定政府和大学的权力和责任,表明政府与大学是平等与合作的关系模式。经费资助是指大学通过满足和顺应政府的意愿得到政府的资金资助,这种资助是政府提供的有偿资金,主要是在教学、科研、服务领域,大学可以根据实际对这些资助进行取舍,政府将对大学的管理变成可以选择的经济关系,管理手段变得间接隐蔽。

（五）以合作为基础的多元治理模式

20世纪90年代，随着科学技术以及政治、经济、文化等方面的飞速发展，全球经济一体化进程加剧，全球化竞争态势和国际化合作方式在世界政治经济文化领域以及其发展进程中的作用越来越凸显。盖伊·彼得斯（Guy Peters）总结归纳出四种以合作为基础的政府对高校的干预模式：第一是政府参与式治理模式，强调政府需要更多地参与高校管理；第二是市场式治理模式，强调政府对高等教育管理的市场化机制；第三是解制型政府治理模式，强调政府通过削减内部规则协调与高校的关系；第四是弹性化政府治理模式，强调政府在干预高校管理过程时要采取灵活多样的方式，表现出更多的灵活性。

盖伊·彼得斯提出："政府参与式治理主要是诊断过多的科层制管理所造成的弊端，倡导对高校管理采用扁平式组织结构，在进行公共决策时采取协商、谈判的方式以确保公共利益。"❶ 高校承担的使命随着社会政治经济等条件的发展也日益多样化，为使高校办学决策符合社会政治经济等方面的发展需求，要求高校必须吸收与高等教育相关的利益主体参与高校的决策过程，改变以往政府的一元化管理结构，形成以政府为核心，社会各界热衷于高等教育的人士、政府领导、教授、专家以及家长、学生等共同参与大学治理的结构。总结这个时期的高等教育发展历史可以看到，这个时期有两种典型的高校治理方式：一种

---

❶ ［美］B.盖伊·彼得斯.政府未来的治理模式［M］.吴爱明，等译.北京：中国人民大学出版社，2001：23.

是以美国为代表的董事会制度,另一种是以英国为典型的由大学拨款委员会演化而成的英国高等教育基金委员会组织。

市场式治理模式要求政府改变对高等教育的一元管理,在高校管理和日常运行过程中充分运用市场化理念,强化竞争意识,以投入和产出即效益分析来考虑高等教育的办学成本,适应市场发展需要,积极从"官本位思想"向"市场经营意识""责任意识"转变。美国是采取市场型模式治理高等教育较为成功的典型,美国高校在发展竞争过程中体现出的一个鲜明特征就是立足于本校实际办学层次办出自己的特色。当人们谈论高校办学的时候,一提到学分制,脑海中自然而然地就会浮现出哈佛大学的映像;当一讨论到斯坦福大学,就会自然联想到产学研相结合;当提及高校为社会服务与实践紧密结合,自然就会想到"威斯康星理念"。

解制型政府治理模式就是政府通过减少自身对高校过多的干预,进而给高校和高校以外的各种参与高校管理事务的组织以更多自主权和管理自由,以提高高校和社会组织参与高校管理的主动性和创造力。从一定意义上说,政府对高校管理干预过多是一种出于政府对高校自我管理和社会参与高校管理不信任而进行的管理制度设计,采取这种解制型管理模式的基点就是从放心和相信的心态出发而做出的制度设计。

弹性化政府治理模式通常是注重"政府及其机构有能力根据环境的变化制定相应的政策,而不是用固定的方式回应新的挑战"。❶ 这种治理模式的核心内容是改变以往固有的管理模式和死板僵化的人事管理制度而实施的相对灵活多样的多元参与管理形式，以此来激发和增强政府对高校的管理活力。政府对高校的僵硬的管控促使高校受到直接的束缚而导致决策过程的生硬和僵化，并使政策变得死板而难以协调，阻滞高校的运行和发展。因此，政府要转变"刚性、僵化"管控方式为"弹性化"的、相对间接管理多一些的、以服务为主的管理方式，由"直接"干预变成"间接"协调。

二、发达国家高等教育体制及启示

发达国家的高等教育体制、运行机制以及办学经验等对于我国高校的去行政化改革具有重要的启发作用。美国、英国、日本等发达国家高校不管从外部环境条件，还是内部自身管理模式方面都值得我国高校去行政化改革的研究者去深入研究和分析，借鉴先进办学经验，促进我国高校去行政化改革的顺利进行。这里分别以美国、英国、日本的公立高校办学体制为切入点，深入探讨发达国家的高等教育管理体制的特点、优点，以期对我国高等院校去行政化改革起到一定的启示和借鉴作用，促进我国高等教育的长远健康发展。

---

❶ ［美］B.盖伊·彼得斯.政府未来的治理模式［M］.吴爱明，等译.北京：中国人民大学出版社，2001：87.

第二章　发达国家高等教育体制与社会主义教育理论

（一）美国公立高校办学体制

1.高校外部教育行政体制

美国以联邦、州和地方学区为单位构成了教育行政系统。美国的教育法规定了各级教育行政机构的权力行使、职责以及权力和职责之间的关系，而教育法的制定则由联邦和州的立法机构负责。教育行政管理部门依照教育法和其他法规对高校具有管理权限。但行政管理权限的实施形式和权限大小受到各种相关利益集团和司法系统的影响，在此条件下政府才能实现对高校的管理。美国公立大学的办学机制与联邦政府、州政府以及很多社会团体组织等都有着千丝万缕的联系。

（1）政府与高校的基本关系

在政府与高校的关系方面，美国高等教育管理体制是分散性的，国家对高校的管理权限主要集中在美国的各个州政府，美国联邦政府既不具有对大学的管理权，也并不直接参与高校管理。即使管理权集中在各州，但各州政府也通常不对高校进行直接干预。高校管理是依靠一个强大的以高校行政和董事管理制度形式构成的中层结构。美国用立法、规划、评估、拨款等宏观调控手段处理政府与高校的关系。❶ 政府不直接插手高校的内部管理。

第一，当美国政府需要调整与高校的关系时，美国立法机构就会通过立法形式依托新的立法来调整政府与高校之间的关

---

❶ 李桂红.西方国家政府与高校关系对我国的启示［J］.临沂师范学院学报，2006（1）：99-103.

系，这种调整只有在政府与高校之间的关系需要做重大调整时才进行，这种调整形式也是调整政府与高校关系的最重要的手段。美国关于高等教育方面的立法通常和政府拨款结合进行，凡是愿意接受联邦法律约束的高校就可以按照规定获取一定的拨款。这项制度施行初期，由于各高校办学经费紧张，迫于经费压力，各州的高校被动接受联邦法律的约束，到后来各高校转化为主动向联邦政府争取经费。因为高校需要经费投入，政府需要达到干预高校事务的愿望而对高校加以控制，美国政府和高校之间形成了一种契约关系，而并不是上下级的行政命令关系。

第二，在高等教育发展规划方面，联邦政府没有规划高等教育如何发展的义务，联邦政府也没有专门的教育规划机构。

第三，评估在美国发挥的作用也十分明显。在美国这样的分权制国家里，第三方中介组织对高校的评估是协调政府与高校之间关系的必然环节。美国联邦政府对高校办学情况的掌控完全依赖一些社会组织或者第三方组织的评估展开，美国政府通过掌控中介机构，也就是掌控承担高校评估任务的第三方组织的资质以及这些机构在开展评估过程中的评估质量和评估结果的可信度实现政府监控高校的目的。中介组织除了对高校进行评估之外，在给高校拨款方面也起到重要作用。美国的州政府担负教育的监管责任，高校的教育经费来源也主要由州政府划拨。但州政府不对高校直接拨款，政府拨款由州政府的管理委员会或协调委员会这样的中介组织进行。管理委员会或协调委员会由专门人员组成。美国各州政府拨款方式不完全一致，这与美国社会多元化的特点相对应,他们中有一个方面是必须一致的,那就是州政府与高校之间发生的拨款行为必须经过州议会的审批。需要说明的是,美国联邦政府对高校实施拨款行为时不用中介组织参与。美国联邦政府的这种拨款主要用于资助学生和支持高校的科研项目两方面。

(2)政府管理高等教育的机构设置及管理权力

美国各级高等教育管理机构设置及管理权力主要包括以下几个方面。

第一,美联邦教育行政管理机构及其管理权限。联邦教育部是美国最高教育管理机构,主要包括智囊机构和职能机构两部分。❶联邦教育部负责联邦教育经费的分配及发放、教育研究工作等。联邦教育部人员除立足开展调查研究外,还与高校、各州教育厅、各专业协会、团体组织合作以专题研讨和专门立项等形式开展研究。联邦教育部还负责管理协调美国一个州不能独立承担的教育服务任务。如为高校提供咨询服务、发行出版物、统计教育方面的相关信息资料、负责召集涉及全国性学术会议、举办教育相关的展览等。

第二,州教育行政机构设置及其管理权力。美国各州的教育行政机关是各州立法部门通过立法而建立的。它与联邦教育部不存在直接的上下级隶属关系。各州有设立学校、学校管理、监督等权力。各州的教育委员会是教育决策组织,代表各州教育委员会执行决策的部门是州教育厅。州教育委员会成员由民众选举或者州长任命的行政管理人员组成,主要职责是制定相

---

❶ 忻福良. 各国高等教育立法 [M].上海:上海交通大学出版社,1992:76.

关教育政策。其职权范围是任命州教育厅长，确定州教育厅的管理权限和按照制定的标准任命主要官员；批准和监管教育预算，编制教育基本大纲及设定质量标准，负责与教育相关的计划制订、实施、评价和修改等。

第三，地方教育行政机构及其管理权力。美国地方的教育机构分为基层学区和中间学区两种。各学区的教育委员会负责学区管理，行使地方教育行政机构职能。学区教育委员会成员通过民主推荐选举或教育行政部门委派，名额数量不固定，委员任期也不同，但委员人数一般在9人以内，任期3—6年。学区委员会的责任是负责制订教育发展计划、制定财务预算、管理教育人事、学校宿舍维修、教材购买和提供校车等。

（3）高校的基本权力

美国公立高校的基本权力包括：第一，招生自主权。美国大学在招生方面是自主的，联邦和州政府只是通过扩大高等教育规模、用立法手段保证机会均等、用行政手段促进入学公平、用经济手段支持贫困学生等来保证人们的受教育机会。第二，校长招聘权。美国公立高校有招聘校长的权力。第三，课程设置及授予学位的权力，但此项权力需要州审批。

2. 高校内部体制

（1）主要机构设置

以美国加利福尼亚大学为例，图2-1是1998年以来加利福尼亚大学组织结构图。

第二章 发达国家高等教育体制与社会主义教育理论

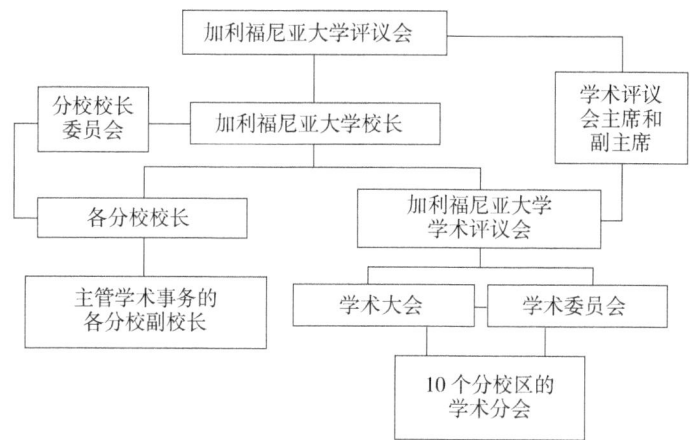

图 2-1　1998 年以来加利福尼亚大学组织结构

加利福尼亚大学评议会授权学术评议会，尤其是其核心机构即常设委员会诸多的权力和责任。学术评议会的最高权力组织是学术大会。学术大会每年召开一次。学术大会的组成情况：各分校区的主席、各校区教师代表以及行政职能部门的管理人员。学术委员会是学术评议会的执行机构，其构成主要包括：学术评议会主席及副主席、学术大会主席及副主席、各常设委员会主席。这些常设委员会包括：招生工作、外部联络、教育政策、学术人员、研究生工作、学校规划与财务等委员会。此外，学术委员会成员还包括各分校区学术委员会的主席。学术委员会每月例行召开会议一次。

（2）机构权力分配

这里以美国的加利福尼亚大学为例，"加利福尼亚大学评议会"是学校的最高权力机构，其主要职责范围包括：科学设计和决定学校发展方向、学校重大发展建设项目以及与学校改革相关的各项决策;接受政府、社会组织和个人的捐赠和财政拨款,对学校的财政支出与实施进行监督;指定并任命大学及各分校的校长、各组成机构的主要责任人,对大学行政管理工作和实施等进行监督。加州法律规定:行使加利福尼亚大学管理职能的是大学评议会。只有在符合法律规定的条件下,在规定的范围之内才能使用大学的捐赠,大学评议会通过法律规定给大学资产以必要的保护。因此说,对大学经济支出的有效监控是加利福尼亚大学评议会的主要权力,这是保证公立大学能够在美国社会中生存下去所采取的必要措施。

校长负责一切学校事务的行政工作和有关教学、科研管理工作,校长下设助理两名,分别负责人事和法律工作。副校长则实行分工制度,对学校事务进行横向管理。副校长为七人,其中一名常任副校长兼职教务长,帮助校长管理学校大小事务;另六名副校长分别负责行政工作和商业管理、资金项目、学术研究、资源计划和预算、本科生事务、大学关系。副校长下分别设立若干副校长助理和若干执行主任协助副校长分管工作。

除上述部门设置外,另一些职能办公室分别对以下事务进行管理负责:大学健康服务、环境健康和安全、职业和研究生服务、继续教育、国际合作、财政支援、注册和警务监督等。

(二)英国公立高校办学体制

1. 外部教育行政体制

(1)政府与高校的基本关系

目前,英国政府与高校之间的关系呈现出政府宏观调控为主,高校自主权扩大的趋势。在英国,政府不直接监管高等教育的办学质量,政府只是检查高等教育质量保证体系是否完整、合理。英国的这种管理模式的最大特征是中央政府不直接参与高校管理,政府不愿把自己陷入到大学事务中去,但也不把认为由自己承担更为合适的政府财政拨款等任务强加给学校,而是交给中介机构——大学拨款委员会来完成。由于大学拨款委员会是一个相对独立于政府的半官方机构,不接受政府对其具体活动的直接管理,所以政府通过大学拨款委员会对大学发生的影响也相当有限。英国的大学一方面享有充分的自治和自主权,另一方面又必须对政府拨款和私人资金投入负责,保证这些资金的使用效率。所以,虽然英国大学不受中央政府的直接领导,但政府会通过"高等教育基金委员会"对大学施加影响。虽然英国高校基本上都是吃财政饭的公立学校,但政府并不拥有或参与大学的管理,更不会对其发号施令。高校是独立的自我管理机构,有充分的学术自由,有权设置各种课程和授予学位。政府的重视、政策的引导与支持以及各高校各具特色的办学方式、强烈的创新意识是英国高等教育水平不断提高的原因。

(2) 政府管理高等教育的机构设置及管理权力

英国政府管理高等教育主要是通过两个组织机构实现的,一个是教育行政管理部门,另一个是由政府以法律形式授权的"具有政府性质的非政府"机构。在这些部门和机构中,高等教育基金会、高等教育质量保证局和研究评估考核体系占有重要地位。英国是地方政府对高等教育管理权限无权型国家。在原来的高等教育管理体制的双重构架下,地方教育当局有一定的对公共部分的高等教育院校的管理权和经费分配权。从中央政府看，在加强高校自主办学和倡导社会多元化参与的同时，英国政府充分利用法律、经济等手段加强宏观调控、监督。因此可以看出，英国中央政府掌握的是高等教育宏观调控权和监督权。从地方政府看，英国地方政府确实不再发挥和过去一样的"管理"作用。从高校的权力看，英国大多数高校是经皇家特许的独立法人，在办学传统上就享有很大的自治权力。英国的高校一直被特许为自治团体，自己负责本校的管理，拥有自己的人事权、财务权、课程设置权、教学权、招生权。英国不存在全国统一的课程，政府并不干预大学课程教学。大学课程基本上由任课教师设计，批准新课程和教育计划的权力全部授予大学评议会。但有些专业教育计划和课程需要得到相关专业学会的评估鉴定。不过，这并不影响大学的自主权。

（3）高校的基本权力

一是专业审批权。英国是大学自主设置型的典型国家。英国大学在学位授予、专业和课程设置等方面拥有高度的自主权。在专业设置和课程设置等方面国家只设定标准，不干预具体事务。

二是招生权。综合型是英国高校招生权的主要形式。英国的招生权很复杂。第一，承担考试任务的机构是单独设置的，国家只在宏观层面进行调控。英国有八个考试委员会与大学的招生考试相关联，其中七个考试委员会建立在各大学内接受大学的管理，或者这些考试委员会作为大学的一个职能分支机构，组织形式可以是一个独立的考试公司。八个考试委员会不具备

第二章 发达国家高等教育体制与社会主义教育理论

政府机关职能,彼此相对独立没有隶属关系,国家也不对其进行直接控制。但是这些机构的成立都必须由政府批准,国家教育科学部派代表进驻这些机构,代表的职责是对考试委员会的工作提出建设性意见和工作建议,但代表不具有否决权和行政监管职能。第二,实行考试、招生、录取工作分别独立进行的方式开展工作,招生机构扮演的角色是考生和高校发生联系的中介服务组织。第三,执行严格复杂的录取程序,注重对学生的全面观测。是否录取学生由大学全权决定。大学的各相关基层单位严格查看学生的申请材料,仔细了解学生各项考试成绩,包括学生的平时成绩、日常表现和任课教师评语等,从认为比较优秀的学生中选出来校面试人员,进一步考查学生的真实能力、爱好和特长。有的名牌高校也通常通过笔试考核学生。通过面试后,大学提出无条件录取、条件录取和不予考虑三类意见。

三是学位授予权。中央集权型是英国高校学位授予的主要方式。2004年9月,《关于英格兰和威尔士地区高等教育机构申请学位授予权和大学名称使用权的指导意见》(以下简称《指导意见》)颁布实施。《指导意见》是英国现行的学位授予权审批规定,在申请学位授予权的程序、标准方面作出了详细的规定。其中学位授予权包括教学学位授予权和研究学位授予权两种。教学学位针对的是本科生以及应用型和技能型的硕士课程班学生,研究学位针对的是以学术研究科学探索为主的硕士生和博士生。学位授权申请单位可以单独申请教学学位授予权或研究学位授予权。但是,如果是单独申请研究学位授予权,必须是在具有教学学位授予权资格的前提下方可申请。另外学位授予权申请单位也可以根据《指导意见》，在具备条件的情况下，经过相关组织机构评议合格后申请同时获得这两种学位授予权。

2. 高校内部体制

公立高校的内部体制是一所高校的内部管理核心问题。这里主要从英国高校的主要机构设置、机构权力分配及内部行政化程度分析的角度来解读英国高校的内部管理体制。

（1）主要机构设置

英国高校的校级管理机构一般包括董事会、监事会、评议会以及校务、选举、人事、系群、财政、研究生院、考试等多个委员会组织机构。除了这些组织机构外，还有校长、常务校长、事务总长、各院系委员会事务长、纪律主任、学监等职位和机构。例如，牛津大学的治理结构只有四个机构组成：高级教职员全体会议、校务评议会、七日理事会和学部委员会。

（2）机构权力分配及内部行政化程度分析

在英国高校管理中，大学权力主要分散于董事会和评议会中，两个机构按照规定各司其职，分别负责行政事务和学术事务。其中，董事会负责学校总体办学规划、资金筹措和使用、教学设备计划与保障及教师聘任等，董事会是英国高校的最高管理机构，成员一般是来自学校、社会各界、地方教育当局的代表。校务委员会并没有实际权力，其主要职责是学籍管理、财务预算与结算、教学设备采购等行政事务工作。校务委员会之下设置人事、财务委员会等多个具体职能机构，这些机构负责学校内部具体行政事务的处理。大学评议会则负责和教学科研有关的所有学术事务，行使学术领导、决策权。大学评议会由各学院院长、各系主任、全体教授和少数教师、学生、职员代表组成。大学评议会是学校的学术管理机构，其下设有教学委员会、科研委员会等若干职能委员会，具体从事大学的教学与学术管理工作。在英国，大学校长多是名誉上的职位，并不具体领导学校的工作，只有在处理学校与外界关系或颁发学位时才代表学校发挥其独特的作用。英国高校的实权一般掌握在副校长手中，副校长往往由校务委员会任命，是大学评议会的当然主席。副校长具有"学者代表"和"行政长官"的双重身份，充当行政和学术权力机构的联系人，将学术权力和行政权力结合起来提出政策性建议和决策，起着沟通和协调人的作用，从而有效地协调和平衡两种权力之间的关系。学校副校长协调和领导着整个大学系统的有效运转。正如牛津大学，高级教职员全体会是牛津大学的最高权威机构，权限大于董事会，可以决策学校一切事务，其成员均来自校内。而其执行机构则是校务评议会，校务评议会下设七日理事会和学部委员会两个部门，分别负责学校行政事务和学校学术事务。校长是学校的最高领导人物，主持学校所有的重要仪式。副校长掌管着学校的日常事务和实际的行政工作，副校长由各学院轮流产生，任期为四年。

（三）日本公立高校办学体制

1. 外部教育行政体制

（1）政府与高校的基本关系

日本是典型的中央集权制国家，日本政府对高校采取以宏观调控为主的管理方式，日本高校自主权呈逐渐扩大的趋势。日本对高校的管理实行独立的行政法人制度，国立高校是一个独立法人，在管理制度改革上确定了自律的理念。第一，它使日本国立高校具有独立的法人资格，高校根据自己的职权自我运营。第二，国家在人员编制、岗位设置和人员配备、工资、预算执行等方面给予高校较大的办学自主权。第三，从教学科研到教职员配置等涉及高校的发展规划由学校自行设计。国立大学法人化将过去属于国家机构的国立大学改为自主经营的法人机构，大学独立法人可以对外投资、接受外来资金；国立大学在人事管理等方面建立"非公务员型"的弹性人事体制；独立的法人地位强化了高校办学自主权，增加了高校责任。

（2）政府管理高等教育的机构设置及管理权力

日本政府依据大学的不同性质采取不同的管理方式，国立大学、短期大学和高等技术学校是文部省直接管理的大学，地方机关负责管理都道府县和市立等公立大学。虽然政府对不同性质的大学有不同的管理方式，但不管市政府，包括文部省，还是地方机关在管理高校时只能按照规定的标准，在既定范围内才有权决定公立和国立大学的人事、财务、科学研究以及其他方面的政策。与政府对高校的管理需要固定的标准和范围相比，日本的高校在处理内部事务时学校方面具有较大自主权。

在日本，大学行政管理职能部门机构小，而且职责分明，责任由各机构和机构内个人分别担当，这种管理模式既可以提高管理效率，又可节约经费开支。从总体上看，日本大学中行政管理的效率较高，经济效益显著。日本的直线制管理模式非常具有代表性。日本高校机构设置的特点是直线制约,通过一系列的努力,让学校和各学院一直到各系部、科室,都实行垂直的领导模式。❶

(3)高校的基本权力

一是办学权。1950年,日本的"大学设置委员会"改名为"大学设置审议会",成为文部省的教育咨询机构。日本《大学设置基准》规定的是建立一所高校所必须达到的底线标准。所有大学在申请成立初期,需要大学设置审议会按照《大学设置基准》的条件进行考核和综合评价,只有通过标准的鉴定,文部省才能批准大学成立。一旦通过审核鉴定成立大学后,各个新成立的大学便可按照本学校的办学目的和使命自主选择发展道路,经过多年的积淀和发展后便会形成具有自身发展特色的传统和学风,逐渐形成品牌、办出特色。

二是专业审批权。日本的《学校教育法》规定,凡将要开办的高校必须按学校类别,对照相应的办学标准办学,其设备、编制及学校的基本情况都需要达到规定的相应标准。也就是说,在日本凡是新创办的高校都要达到国家规定的基本标准才能办学。而且对学校设立新的学部、设置新专业也有严格标准要求,并且要通过文部省的批准。

三是招生权。日本的高中教育是一个多样化的培养模式,多样化的教育造就了日本的高中毕业生综合素质、适应能力、学习经历、学习特长、兴趣爱好等都有所不同。在这种个性化教育明显的条件下,日本的大学为了招收到适合自己学校办学

---

❶ 刘艳玲.中日高校行政管理之比较[J].日本问题研究,1998(4):59.

特点的学生，也就是符合本学校办学目标、专业特色追求的学生，在招生考试方面积极推行改革政策，运用多元灵活的考试方式对考生的能力、适应性等方面进行综合考核。在这样的要求下，日本改革了招生考试形式，考试的方式向多样化、多次数、评价标准多元化方向发展。

2. 高校内部体制

（1）主要机构设置

日本高校的管理体系分为三级：校长、教授会与评议会是最高一级的校级管理机构；学部处在中间一级；学科与讲座是第三级管理机构。在高校内部管理方面，日本实施校长领导下的教授会和评议会制度。以京都大学为例，这所大学实行的是校长、学部长共同负责管理，评议会、教授会参与学校治理相结合的管理模式。评议会、教授会都是校长的智囊和决策咨询组织，这些机构同时也具备一定的审议权和一定范围的管理职能。校长是学校的主要管理者，有权管理校内的一切事务，但凡涉及校内所有的重要和重大的事项，校长无权自行决定，需要经过评议会、教授会集体表决，这样可以规避校长个人负责可能产生的主观主义、官僚主义和个人独断专行的工作作风。日本通过推行国立大学改革，在管理上实行"董事会"制度，从而完善了高校的最高决策机构，校长是国立大学作为法人主体的首长，校长以外还设副校长、监事等若干，实行垂直管理方式。校长作为学校最高负责人，需要发挥突出的领导作用。所有教职员均由校长任命，实行全校人事管理一盘棋。

（2）机构权力分配

日本高校中校级领导机构在接受上级教育行政主管部门领导的同时，负有对学校全权管理的责任。校长是高校的最高行政长官，"事务局"作为高校的中枢机构在校长直接领导下对全校的行政工作负责。为了使行政管理专业化，事务局将学校行政、后勤与教学研究机构分开。学部是校长领导下的直属独立机构，主要职责是培养学生、指导学生生活、负责协调与有关部门之间的业务工作，下设"学科"与"讲座"，相当于我国大学中的系或学院。学部一般设教授级的部长一名，负责学部的教学、科研、人才培养、行政管理、教授会主持等工作。学部长是学部的第一责任人。作为学校评议会的成员，学部长在学校重大决策中也起着举足轻重的作用。学科与讲座则由主任教授监管，不另设行政负责人。大学评议会与教授会则是学校的管理、决策组织。评审和确定高校管理运行方面的工作是评议会的主要职责；审议学科课程设置及招生录取、考试、毕业等事项由教授会负责。评议会和教授会主要负责大学管理运行方面的工作。侧重审议大学宏观管理的评议会，注重的是行政管理的方面。侧重审议教学和研究的教授会，其工作体现出了各学部的特点。大学的主要任务是教学、学术研究和人才培养，学部作为教学和研究的核心，决定了教授会的议事决定权高于评议会。虽然教授会有权否定评议会的决定，但评议会也有权建议教授会对它的决定进行二次审议。

日本高校的学部长和教授会成员由全体教职员工从教授中民主推选产生，他们同时可以兼任各委员会成员。学部长和教授会根据学校的有关规章制度共同管理各学部和相关部门的教学、研究、行政事务。评议会会长由校长兼任，组成人员包括各学部长、研究所长及各部教师代表等。评议会的主要职能是制定学校财务预算、制定学校重大发展策略、制定大学章程等规章制度，评议学校各类组织机构设置、学术研究等重要事务。研究生院审议会成员包括学部长、研究所长、部分中心主任、各研究科主任等，其职能是审议有关研究生教育的重要事项。此外还有专门委员会即某方面的工作委员会，如学生部、国际交流、基础教育、保健等。❶日本高校行政机构设置非常清楚而简单，各行政机构的管理制度与细则非常详细，学校管理依据管理制度与细则执行，行政机构并没有很大权力，他们按照学校权力机构作出的决议执行，实行垂直式管理，没有因职能的平面交叉而出现责任不明的现象。

三、对中国高校去行政化改革的启示

美国、英国、日本的高等教育管理体制为我们应对高校行政化问题提供了很多可以借鉴的成功经验。综合各方经验来看，除部分具体细节有差异外，上述国家总体思路是一致的，那便是强调大学自治、鼓励教授治校、倡导学术自由发展。此外，他们均引进了第三方评价制度，完善了高等教育管理评估机制。当前我国的教育管理机制与上述国家不尽相同，但同为培养优

---

❶ 张轶辉.美、德、日三国大学评议会制度研究[D].长春：东北师范大学，2010.

第二章 发达国家高等教育体制与社会主义教育理论

秀人才的学府,从教育的本质和规律来说,其管理思路是相通的。任何一所高校创办的宗旨,其最终职能是为国家、为社会培养优秀的人才,实现知识的传承,实现学术上的创新,这是一个承前启后的过程,也是促进人类历史发展的进程。通过系统地对美国、英国、日本高等教育管理模式和机制的考察,有助于我们更深刻地认识自身管理中存在的问题,拓展和完善我们深化改革的思路,对我国的教育管理体制改革顺利开展具有一定的借鉴价值。总的说来,这些国家的教育管理经验具有下述四个方面的启示。

第一,完善高校管理要处理好政府与高校之间的关系。我国政府掌管着高校的人事任免权,掌握着高校大小事务的管理权,掌控着高校内外资源的配置权,还严格限定了高校的评估标准,对高校行使封闭的监督权。政府掌管了太多高校管理的权力,有些是合理的,有些则是过度干预。对于政府来说,只需给予高校宏观上的财政支持和合理的监督,而非严抓严把高校的各项决策。高校若不想成为政府的附属品,就必须要具备一定的自主权。高校办学应根据自身情况,发挥优势,办出自己的特色,百花齐放,而不是紧跟政府、依赖政府,最终千篇一律。《高等教育法》早已对高校的法人资格作出了规定,也赋予高校一系列办学自主权,然而我国政府的教育行政主管部门在现实生活中始终不肯放手。因此,高等教育管理必须从管理体制上作出改革,只有这样才能保证《高等教育法》赋予高校的自主管理权真正落到实处。

第二,完善高校管理要构建合理的高校治理机构。其目的是在高校内部做好行政权力和学术权力的制衡工作,让二者能够相互促进、彼此监督、相互制约。此外,校长的权力在高校内部也不是至高无上的,也就是说如果校长出了问题,不能为学校发展负责,不能真正地对全体师生员工负责,就可以随时对其给予罢免。从对校长的要求开始到对其他行政人员的具体考量,都要以能否服务学校发展为准则。只有这样才能增强行政人员对学校全体师生的服务意识,更好更努力地为学校的发展服务。

第三,完善高校管理要创造一个学术自由的环境。高校办学的宗旨是在培养人才、服务社会的同时,创造出更多新的知识和文化。这些都有赖于以教授为代表的专家和学者的努力,因为他们是最专业的群体,也是最了解教育趋势、懂得教育规律、深知教育本质的群体。这是行政人员所无法比拟的。因此高校制定具体管理政策时必须要有他们的参与,要广泛听取这一群体的意见和建议,建立教授治学的管理制度。同时,要创新知识就要突破条框限制,冲破一切影响创新发挥的机制束缚,只有创设出一个学术自由的氛围才能有机会创造出更多新的成果。

第四,完善高等教育管理要探索高等教育质量评估主体多元化。在我国,高等教育质量评估一直是政府说了算,从何时评估、评估的标准到评估的结果,无不体现教育评估的单一性质。这样做的后果是限制了高校的特色发展,致使高校办学千校一面。总结上述经验可知,要完善评估机制,高等教育质量评估的主体要多元化,至少包含了政府对高校办学质量的评估和高校本身对自己办学质量的评价判断,甚至要有社会大众的评估,他们当中也可以有非教育界人士。这样的评估体制能够保证评估人员不受任何力量的左右，在一定程度上保证评估过程的客观性，使评估结果做到公正、公开、有说服力。

第二节 中国特色社会主义教育理论

教育制度是选拔人才、培养人才的关键。因此，一个国家的教育理论与实践是决定一个国家、一个民族兴旺的大事。在我国社会主义发展建设时期，社会发展的不同阶段，以中国共产党作为执政党的党和国家主要领导人的教育思想不同程度地反映在了国家关于如何办教育的政策及制度中，这不可避免地影响着一个国家、一个民族的高等教育的发展和方向。

一、毛泽东高等教育思想

毛泽东的教育理论主要来源于其早年从事教学、办学校的实践，因此，可以说其教育理论基本上是一种实践的理论，集中表现在其对"教育同生产劳动相结合"的教育思想的认识，这也是毛泽东教育思想的基本原则。毛泽东认为，"教育同生产劳动相结合"是培养造就理论与实际相结合的有文化的劳动者的根本途径，是实现劳动人民知识化、知识分子劳动化，改变轻视体力劳动和体力劳动者的观念，彻底消灭脑力劳动与体力劳动差别的重要措施。早在1919年，毛泽东就曾提出学生应该"一面读书，一面从事生产工作，半工半读"。1936年他在《中国革命战争的战略问题》一文中提出："读书是学习，使用也是学习，而且是更重要的学习。"❶1939年他为抗大开展生产运动题词又提出"一面学习，一面生产"的思想。❷中华人民共和国成立后他更加重视这个问题，1958年他在天津大学视察时更明确提出"要把教育和生产劳动结合起来"。❸在他看来，教的方式不仅仅是在课堂上讲授课本教材，更重要的是要让学生到比课堂更广阔的"天地"中去受教育。为此，毛泽东还提出了教育与生产劳动相结合的具体途径："如果学校办工厂，工厂办学校，学校有农场，人民公社办学校，勤工俭学，或者半工半读，学习和劳动就结合起来了。"❹当然，这种教育实践理论的前提是党对教育事业的领导权。毛泽东指出，教育体现的是统治阶级的利益。1958年8月，他在《教育与劳动结合的原则是不可移易的》一文中说得非常明确："就教育史的主要侧面说来，几千年来的教育，确是剥削阶级手中的工具，而社会主义教育乃是工人阶级手中的工具。"❺因此，加强党委对学校的领导和思想政治工作，是社会主义教育事业健康发展的根本保证。为此，1958年毛泽东在天津大学视察的时候特别强调："高等学校应

---

❶ 毛泽东.毛泽东论教育（第三版）[M].北京：人民出版社，2008：13.
❷ 毛泽东.毛泽东论教育（第三版）[M].北京：人民出版社，2008：69.
❸ 毛泽东.毛泽东论教育（第三版）[M].北京：人民出版社，2008：292.
❹ 毛泽东.建国以来毛泽东文稿（第7册）[M].北京：中央文献出版社，1992：396.
❺ 毛泽东.毛泽东文集（第7卷）[M].北京：人民出版社，1999：398.

抓住三个东西：一是党委领导；二是群众路线；三是把教育和生产劳动结合起来。"❶ 他在 1965 年 8 月接见几内亚教育代表团的谈话中指出："办教育也要看干部。一个学校办得好不好，要看学校的校长和党委究竟是怎么样，他们的政治水平如何来决定。"❷ 而党委对学校的领导又要体现在适当的行政命令上，"人民为了有效地进行生产、进行学习和有秩序地过生活，要求自己的政府、生产的领导者、文化教育机关的领导者发布各种适当的带强制性的行政命令。没有这种行政命令，社会秩序就无法维持，这是人们的常识所了解的。"这一思想在某种程度上形成了我国教育行政化管理体制的理论基础。

  教育的另一面涉及教育者，即知识分子。因此，毛泽东非常重视知识分子的作用。他曾经在不同时期、不同场合反复强调知识分子的作用。1942 年，在延安文艺座谈会上毛泽东就指出："我们应该尊重专门家，专门家对于我们的事业是很可宝贵的。"❸1945 年，毛泽东在党的七大报告中重申："为着扫除民族压迫和封建压迫，为着建立新民主主义的国家，需要大批的人民的教育家和教师，人民的科学家、工程师、技师、医生、新闻工作者、著作家、文学家、艺术家和普通文化工作者。……一切知识分子，只要是在为人民服务的工作中著有成绩的，应受到尊重，把他们看作国家和社会的宝贵的财富。"❹并认为"我们有许多同志不善于团结知识分子，用生硬的态度对待他们，

---

❶ 毛泽东.毛泽东论教育（第三版）[M].北京：人民出版社，2008：292.
❷ 毛泽东.毛主席论革命教育［M］.北京：人民出版社，1967：24.
❸ 毛泽东.毛泽东选集（第 3 卷）[M].北京：人民出版社，1991：864.
❹ 毛泽东.毛泽东选集（第 3 卷）[M].北京：人民出版社，1991：1082.

不尊重他们的劳动，在科学文化工作中不适当地干预那些不应当干预的事务，所有这些缺点必须加以克服"。❶但同时，毛泽东又极其注重对知识分子从思想深处和与革命实际相结合的改造。中华人民共和国成立后，知识分子的阶级属性被定为小资产阶级，对他们进行思想改造，就成为对待知识分子的一项基本政策。在毛泽东看来，一切知识分子都应该站在工农群众立场上，为人民服务，即所谓知识分子工农群众化。他在《中国革命和中国共产党》一文中指出："知识分子在其未和群众的革命斗争打成一片，在其未下决心为群众利益服务并与群众相结合的时候，往往带有主观主义和个人主义的倾向，他们的思想往往是空虚的，他们的行动往往是动摇的。"❷为此，他在《关于正确处理人民内部矛盾的问题》中讲："我们希望我国的知识分子继续前进，在自己的工作和学习的过程中，逐步地树立共产主义的世界观，逐步地学好马克思列宁主义，逐步地同工人农民打成一片，而不要中途停顿。"❸可见，毛泽东特别重视强调知识分子阶级立场的转变问题，认为"知识分子的这种缺点，只有在长期的群众斗争中才能克服"。❹因此，在他看来，在教育工作中，知识分子既是知识的传授者，也是被改造的对象。

  毛泽东的这种教育思想在某种程度上影响了我国教育管理体制的建构。1950年5月，政务院颁布《各大行政区高等学校管理暂行办法》，规定："为更有效地管理全国高等学校，除

---

❶ 毛泽东.毛泽东文集（第7卷）[M].北京：人民出版社，1999：225.
❷ 毛泽东.毛泽东选集（第2卷）[M].北京：人民出版社，1991：641-642.
❸ 毛泽东.毛泽东文集（第7卷）[M].北京：人民出版社，1999：225.
❹ 毛泽东.毛泽东选集（第2卷）[M].北京：人民出版社，1991：642.

第二章　发达国家高等教育体制与社会主义教育理论

华北地区高等学校由中央教育部直接领导外，各大行政区高等学校暂由各大行政区教育部或者文教部代表中央教育部领导。各大行政区高等学校的重要方针，除由中央教育部做一般性统一规定以外，各大行政区教育部或者文教部亦得作适应地方性之规定，但须报中央教育部核准后始得实施。"❶同年7月，政务院通过《关于高等学校领导关系的决定》，规定"全国高等学校以由中央人民政府教育部统一领导为原则"，强调"中央人民政府教育部对全国高等学校（军事学校除外）均负有领导责任，各大行政区或军政委员会或文教部均有根据中央统一的方针政策，领导本区高等学校的责任"，并规定"大学如有必要，设立学院，并在学院内设若干学系；学院及学系的设立或变更，由中央教育部决定之"。❷1953年5月，政务院通过《关于修订高等学校领导关系的决定》，指出"中央人民政府高等教育部必须与中央人民政府各有关业务部门密切配合，有步骤地对全国高等学校实行统一与集中的领导"，并要求："凡中央高等教育部所颁布的有关全国高等教育的建设计划……财务计划、财务制度……人事制度……教学计划、教学大纲、生产实习教程，以及其他重要法规、指示或命令，全国学校均应执行。其有必须变通办理时，须经中央高等教育部或由中央高等教育部报请政务院批准"，从而确定了教育部与有关部门分工负责管理学

---

❶ 何东昌.中华人民共和国重要教育文献（1949—1975）[M].海口：海南出版社，1998：14.
❷ 湛中乐，高俊杰.我国公立高校与政府法律关系的变迁[J].陕西师范大学学报（哲学社会科学版），2010（11）：5-13.

校的管理体制。❶ 基于毛泽东对于知识分子既重视又改造的思想，很多知识分子被当成"教育和改造"的对象，被排斥在学校管理之外，这也间接导致了学术权力的不被重视。

中华人民共和国成立初期形成的这种教育管理体制，与当时我国高度集中的经济管理体制是相适应的。它保证了党对高等教育的绝对领导，对于高校重新建立正常的教学秩序，提高教育质量，推动我国教育事业向前发展起到了重要的作用。同时，由于过度强调集中统一，给教育带来了统管过多的弊端，严重压抑了地方与学校办学的自主权。而"高校作为政府部门的附属，在人、财、物的分配和使用上，甚至在教学和科研学术事务中，几乎没有自主权"❷，学术权力也没有得到应有的尊重。为此，在一届全国人大三次会议上，时任高教部部长杨秀峰指出："现有的高等学校的事业体制、计划体制、财政体制、领导关系和毕业生全部分配的制度等过多地强调了集中统一，影响和限制了各业务部门和地方上办理高等教育事业的积极性，应该适当加以改变。"认为有些制度在某些方面"不免限制过紧过死，使各校很难有灵活变通的余地"，"不同程度地妨碍了学校工作"。❸

---

❶ 湛中乐，高俊杰. 我国公立高校与政府法律关系的变迁 [J]. 陕西师范大学学报（哲学社会科学版），2010（11）：5-13.
❷ 教育部人事司. 高等教育学 [M]. 北京：高等教育出版社，1999：125.
❸ 杨秀峰. 杨秀峰教育文集 [M]. 北京：北京师范大学出版社，1987：77.

二、邓小平教育改革理论

改革开放以后,伴随着社会转型、经济发展对人才培养的需要,以及国际国内形势的重大变化,邓小平提出了一系列适应社会主义市场经济发展的教育思想。1983年10月1日,邓小平同志为景山学校题词,提出"教育要面向现代化,面向世界,面向未来"。"三个面向"是邓小平根据国内外的新形势,针对当时我国教育同现代化建设严重不适应的实际,站在当代世界发展和民族历史命运的高度提出来的。这一战略指导方针既充分体现了我国社会主义现代化建设对教育的客观要求,又从战略高度指明了我国社会主义教育改革和发展的方向。这一思想体现了邓小平教育观的核心内容,同时,也将教育改革提到议事日程上来。

邓小平认为在教育管理方面进行改革主要是下放决策权,以扩大各级地方及学校的办学自主权。一方面,邓小平依然强调要加强党的领导和政府对高校教育的统筹管理。1951年1月18日,邓小平在西南局第一次宣传工作会议上提到党要过问学校的教育工作时指出:"现在要改变这种对教育不闻不问的现象。领导机关一定要建立对于学校教育的领导,即使有一个干事也好,可以去了解情况。过去的问题在于领导上没有提倡,没有给以方针。现在我们党只要注意了就能搞好。"❶1977年8月,邓小平在《关于科学和教育工作的几点意见》中指出:"科研部门、教育部门都有一个调整问题。调整当中,具体问题很多,第一位的是配备好领导班子。我提出一个单位有三个人要选得好。党委统一领导,书记很重要,一定要选好,这是第一个人。"1977年9月,邓小平提出:"科学研究机构已经确定实行党委领导下的所长负责制,并决定恢复科研人员的职称。这是很大的决策,解决了很多重要的问题,会引起震动,会影响到教育、工业等方面。教育部门要紧紧跟上。""我总觉得科学、教育目前的状况不行,需要有一个机构,统一规划,统一调度,统一安排,统一指导协作。高等学校的专业,哪些要合,哪些要分,哪些要增加,哪些要减少,哪些要取消,也要有一个统一的规划。"❷

另一方面,基于对过去中央和部门集权过多的反思,早在1978年12月,邓小平就曾尖锐地指出:"思想一僵化,条条、框框就多起来了。比如说,加强党的领导,变成了党委包办一切,干预一切;实行一元化领导,变成了党政不分、以党代政;坚持中央的统一领导,变成了'一切统一口径'。"❸为此,他提出"党政分开""政事分开"的原则,为改善党的领导、转变政府的职能,从而推进各项改革指明了方向。而各项改革的进展,既是教育体制改革的前提,又是教育体制改革的推动力量。

---

❶ 中华人民共和国教育部,中共中央文献研究室.毛泽东邓小平江泽民论教育[M].北京:中央文献出版社,人民教育出版社,北京师范大学出版社,2002:84.

❷ 邓小平.邓小平文选(第2卷)[M].北京:人民出版社,1994:52.

❸ 邓小平.邓小平文选(第2卷)[M].北京:人民出版社,1994:142.

第二章　发达国家高等教育体制与社会主义教育理论

1985年《中共中央关于教育体制改革的决定》指出了高校管理存在的问题："在教育事业管理权限的划分上，政府有关部门对学校主要是对高等学校统得过死，使学校缺乏应有的活力；而政府应该加以管理的事情，又没有很好地管起来。"1993年《中国教育改革和发展纲要》则明确提出，"要继续深化教育体制改革，改革计划经济体制下'包得过多''统得过死'的弊端，初步建立起与社会主义市场经济体制和政治体制改革、科技体制改革相适应的新的教育体制"。"进行高等教育体制改革，主要是解决政府与高等学校、中央与地方、国家教委与中央各业务部门之间的关系，逐步建立政府宏观管理、学校面向社会自主办学的体制。"

邓小平也非常重视知识分子在科教工作中的作用。1977年，邓小平一复出工作就自告奋勇地抓科学和教育工作，针对"文革"中学校老师受歧视、被贬低的问题，提出了"我们要提高人民教师的政治地位和社会地位。不但学生应该尊重教师，整个社会都应该尊重教师"[1]。这无疑给僵化的教育和科技战线注入了一支兴奋剂，使科教事业很快得到较大的发展。而对于干部的使用，则提出无论什么岗位的干部都要有一定的专业知识和专业能力。为此，他在1980年中央干部会议上提出："我们要逐渐地做到，包括各级党委在内，各级业务机构，都要由有专业知识的人来担任领导。"[2]倡导党委放权，呼吁大胆任用专业技术人才，建议科研人员的业务工作不受党委的直接干预。

---

[1] 邓小平. 邓小平文选（第2卷）[M]. 北京：人民出版社，1994：109.
[2] 邓小平. 邓小平文选（第2卷）[M]. 北京：人民出版社，1994：265.

邓小平在中华人民共和国成立三十五周年庆祝典礼上重申："全党和全社会都要真正尊重知识，真正发挥知识分子的作用。这样，我们就一定会逐步实现现代化。"❶邓小平教育思想揭示了我国高等教育改革和发展重大理论和实践问题，即高等教育的改革和发展必须坚持为社会发展服务，必须符合社会主义政治经济发展要求和高等教育的实际情况。伴随着社会转型，我国在计划经济年代的国家控制一切的政府职能发生了转变，教育思想发生了改变，相应地，改革教育管理体制，扩大高校自主权也成为顺应这一转变的必行之事。1979年12月6日，《人民日报》发表了复旦大学校长苏步青等人《给高等学校一点自主权》的呼吁，对原有高度集中统一的教育管理体制提出了质疑。1985年5月，中共中央作出《关于改革教育体制的决定》，提出要改变政府对高等学校统得过多的管理体制，在国家统一的方针政策指导下，扩大高校办学自主权，加强高校同社会的联系，使高校具有主动适应国家发展需要的积极性和能力。于是，1989年前后，国家教委强调高等教育体制改革的核心就是建立与社会主义现代化建设，特别是与有计划的商品经济相适应的运行机制。目的就是使学校作为面向社会自主办学的法人实体，使教育资源得到更为合理的使用，使专业结构得到更为合理的优化，使教学水平和办学效益得到极大提高。我国高等教育体制改革的序曲由此奏响。

---

❶ 邓小平.邓小平文选（第3卷）[M].北京：人民出版社，1993：70.

第二章　发达国家高等教育体制与社会主义教育理论

三、科教兴国战略

在改革开放和现代化建设不断深入的过程中，党和国家对教育的地位和作用的认识也在不断地深化和提高。

1991年，江泽民在中国共产党成立七十周年大会上指出："教育是社会主义物质文明和精神文明建设极为重要的基础工程。它对提高全体人民的思想道德和科学文化素质，对培养一代又一代社会主义事业接班人，具有重大的战略意义。我们必须加强教育工作，大力发展教育事业。"❶1995年5月，江泽民在全国科技大会上第一次明确地提出和使用了"科教兴国"这一概念，并将其确定为我国的重大战略之一。他提出，"科教兴国，是指全面落实科学技术是第一生产力的思想，坚持教育为本，把科技和教育摆在经济、社会发展的重要位置，增强国家的科技实力及向现实生产力转化的能力，提高全民族的科技文化素质，把经济建设转移到依靠科技进步和提高劳动者素质的轨道上来，加速实现国家的繁荣强盛。"❷而实施科教兴国战略的关键是人才。人才问题首先涉及知识分子。江泽民继承了毛泽东"没有知识分子的参加，革命的胜利是不可能的"❸思想，提出"今天，没有知识分子的参加，建设和改革的胜利更是不可能的"❹。他认为，在跨世纪中国社会主义现代化建设中，知识分

---

❶ 江泽民.江泽民文选（第1卷）[M].北京：人民出版社，2006：160.
❷ 江泽民.论科学技术[M].北京：中央文献出版社，2001：51.
❸ 毛泽东.毛泽东选集（第2卷）[M].北京：人民出版社，1991：618.
❹ 江泽民.论科学技术[M].北京：中央文献出版社，2001：13.

子的重要作用表现在许多方面：从实际出发，认真学习和研究马克思主义基本理论，深化对国情的认识，不断地对人民群众的实践进行理论概括，掌握现代化建设的客观规律，需要知识分子的艰辛探索；把社会主义制度和现代科学技术结合起来，不断提高劳动生产率，改变经济落后状态，缩短同发达国家的差距，努力掌握、推广、运用现代科学技术和管理知识，需要知识分子特别是科技专家的创造性劳动；建设社会主义精神文明，提高全民族的思想道德素质和科学文化素质，培养"四有"新人，知识分子负有职责。因此，"要进一步落实知识分子政策，尽力解决知识分子在工作、生活中的实际问题，进一步贯彻'双百'方针，创造民主、宽松的环境，保护知识产权，允许和鼓励技术等生产要素参与收益，形成一整套有利于人才培养和使用的激励机制。"❶

人才问题的另一方面是教育。江泽民说："发展教育是科技进步的基础，教育是知识创新、传播和应用的主要基地，也是培养创新精神和创新人才的重要摇篮。无论在培养高素质的劳动者和专业人才方面，还是在提高创新能力和提供知识、技术创新成果方面，教育都具有独特的重要意义。"同时，教育在增强民族凝聚力方面还有重大作用："正确的世界观、人生观、价值观的确立，民族优良传统的发扬，共同理想和精神支柱的形成与巩固，科学文化水平的提高，都离不开教育工作。"❷

1992年，国家教委正式把解决"条块分割"问题提上了议

---

❶ 江泽民.论科学技术［M］.北京：中央文献出版社，2001：15.
❷ 江泽民.论科学技术［M］.北京：中央文献出版社，2001：135.

事日程。1993年2月，中共中央、国务院联合颁发《中国教育改革和发展纲要》，提出"在政府与学校的关系上，政府要由对学校的直接行政管理，转变为以法规、拨款、信息服务等为主的宏观管理，扩大高校的自主权，使高校真正成为面向社会自主办学的法人实体。在中央与地方的关系上，中央要简政放权，扩大省级部门的教育决策权和包括对中央部门所属学校的统筹权，确立中央与地方分级管理、分级负责的教育管理体制"。1997年，江泽民在党的十五大报告中提出要"优化教育结构，加快高等教育管理体制改革步伐，合理配置教育资源，提高教学质量和办学效益"，"解决科技和教育体制上存在的条块分割、力量分散的问题"，从而正式提出了要打破教育领域存在的"条块分割"的问题。在这一阶段的改革中，"211工程"的实施，具有很大的示范效应。它推动了高等教育体制改革和办学观念的转变，打破了"条块分割"的管理体制，淡化了学校与主管部门的关系，推动了高等教育管理体制改革和高等学校内部管理体制改革，扩大了学校的办学自主权，调动了广大教师的积极性。

四、科学发展观指导下的高等教育

现行教育行政管理体制注重教育行政管理的权威，追求统一的管理标准和要求。这种以教育行政管理部门为出发点的管理，客观上阻碍了学校的自主发展、教师的专业化发展和学生的个性发展。党中央、国务院已经认识到了教育行政化的危害，布局谋划教育去行政化问题。

2010年6月,中共中央、国务院发布《国家中长期人才发展规划纲要(2010—2020年)》再次提到备受关注的去行政化问题:要克服人才管理中存在的行政化、"官本位"倾向,取消科研院所、学校、医院等事业单位实际存在的行政级别和行政化管理模式。《国家中长期人才发展规划纲要(2010—2020年)》明确表明事业单位都要摘除"官帽",从建立科学的人才管理制度、人才选拔制度出发,重申去行政化。

2010年6月21日,胡锦涛主持中共中央政治局会议,将逐步取消行政级别和行政化管理模式作为一个教育改革目标,明确了推进政校分开、管办分离;落实和扩大学校办学自主权;健全统筹有力、权责明确的教育管理体制;转变政府教育管理职能等去行政化的具体意见,提出了探索建立符合学校特点的管理制度和配套政策,依法保障学校充分行使办学自主权,积极推进中央向地方放权、政府向学校放权,促进管、办、评分离,形成政事分开、权责明确、统筹协调、规范有序的教育管理体制,要求各级政府改变直接管理学校的单一方式,减少不必要的行政干预。

2014年,中共中央办公厅印发《关于坚持和完善普通高等学校党委领导下的校长负责制的实施意见》,要求各地区各部门结合实际认真贯彻执行,要坚持党委的领导核心地位,保证校长依法行使职权,建立健全党委统一领导、党政分工合作、协调运行的工作机制。

第二章 发达国家高等教育体制与社会主义教育理论

五、习近平对中国高等教育改革和发展的重要论述

2016年12月,习近平总书记在全国思想政治工作会议上的讲话中强调,我们的高校是党领导下的高校,是中国特色社会主义高校;办好我们的高校,必须坚持以马克思主义为指导,全面贯彻党的教育方针。在这些重要思想的指导下,我国高校不断健全和完善内部治理结构,基本全面建立了以党委领导下的校长负责制为核心的现代大学制度体系,为坚持中国特色社会主义办学方向提供了坚强保障。高等教育法的颁布,从法律上规范了高校办学方向,许多高校依据高等教育法还制定了章程,"有了章法,就应该依法依章运行"❶。但由于政府在高校办学过程中管得过多,主导过度,"形成了我国特有的高等教育行政管理体制"❷。

党的十九大报告中明确指出:"建设教育强国是中华民族伟大复兴的基础工程,必须把教育事业放在优先位置,深化教育改革,加快教育现代化,办好人民满意的教育。"2018年9月10日,习近平总书记在全国教育大会上的重要讲话中指出:"改革是教育事业发展的根本动力。""要深化办学体制、管理体制、经费投入体制、考试招生及就业制度等方面的改革,深化学校内部管理制度、人事薪酬制度、教学管理制度等方面

---

❶ 习近平.在全国思想政治工作会议上的讲话[J].中办通报,2016(31):1-34.
❷ 孙卫华,许庆豫.差异与比较:我国高校办学自主权的思考——兼析地方高校办学自主权现状[J].浙江社会科学,2017(4):72-80.

的改革,深化人才培养模式、教学内容及方式方法等方面的改革,使各级各类教育更加符合教育规律、更加符合人才成长规律。"习近平总书记在大会上系统回答了关系教育现代化的重大理论和实践问题,对加快教育现代化、建设教育强国、办好人民满意的教育作出了全面部署。2019年2月,中共中央、国务院印发《中国教育现代化2035》,指出:"到2035年,总体实现教育现代化,迈入教育强国行列,推动我国成为学习大国、人力资源强国和人才强国。"目前,我国高等教育在发展的过程中,出现的政府和高校的管理分工不明、缺乏科学的高校内部管理制度和忽视高等教育治理与社会发展之间的协调和配合等具体问题,在一定程度上制约了我国高等教育现代化发展,这就需要高等教育不断深化改革,破除发展中存在的体制机制弊端。习近平总书记指出,全国高等院校走在改革的前列,要当好教育改革排头兵,要不断深化高等教育领域"放管服"改革,完善高校内部治理结构,落实和扩大高校办学自主权,推进高等教育治理能力和治理体系现代化,应更加注重从解决教育评价指挥棒问题出发来释放活力。❶

习近平对中国高等教育改革和发展的重要论述,主要体现在五个方面。一是把鲜明的思想导向作为高校治理之魂。强调:必须坚持党对高等教育的领导;必须牢牢坚持社会主义方向,确保高校治理的旗帜不倒;必须全面贯彻党的教育方针,确保高校治理的旋律不变。这体现了高校治理的根本原则性。二是把坚持"四个服务"定为高校治理之旨。强调:高校治理要为

---

❶ 杜玉波.推动我国高等教育改革再出发[N].中国教育报,2019-01-07(5).

人民服务，走为民办学之道；高校治理为中国共产党治国理政服务，走为党治理之道；高校治理为社会主义制度服务，走中国特色之道；高校治理为改革开放和社会主义现代化建设服务，走开放发展之道。这标明了高校治理的方向和路径。三是把严抓师资队伍建设作为高校治理之本。强调：加强高校全体教师建设，夯实队伍建设根基；加强高校思想政治工作队伍建设，促使"双主"协同发力；加强高校宣传队伍建设，打造宣传队伍共同体。这彰显了高校治理的关键。四是把强化党的领导作为高校治理之力。强调：在高校治理过程中，坚持党的领导既为有效的高校治理提供组织保证，又为高校治理提供了强有力的实施力量。这表明了高校治理的保证。五是把提升人才培养能力作为高校治理之核。强调：人才培养在高校中的核心地位。这是高校治理的核心。以立德树人为核心，坚持扎根中国大地办大学这个高等教育发展的灵魂，对我国高等教育发展具有战略指导意义。

在中国进入新时代之际，在习近平新时代中国特色社会主义思想指导下的中国高等教育的改革与发展，推动中国经济社会进步发展，实现"两个一百年"奋斗目标和中华民族伟大复兴的"中国梦"，具有重要的理论价值和历史价值。第一，发展了马克思主义教育理论和毛泽东、邓小平的教育思想。习近平对中国高等教育的重要论述内容丰富深刻，继承了马克思主义教育理论和毛泽东、邓小平的教育思想，是与毛泽东、邓小平、江泽民、胡锦涛等中国共产党主要领导人的思想一脉相承的，是中国特色社会主义理论体系的重要组成部分，继承了党优先发展教育的优良传统,把高等教育放在更加突出的位置上,提出了关于中国特色社会主义高等教育重要地位、核心目标、改革方向、治理模式、建设路径等新思想、新理念和新战略,丰富和发展了马克思主义教育思想中国化,是新时代实现高等教育内涵式发展的思想武器和行动指南,也是新时期研究中国特色社会主义高等教育理论重要的指导思想和学术遵循。第二,指明了中国教育科学发展的方向。习近平对中国高等教育改革和发展的重要论述不仅指明了中国当代教育科学的发展方向,而且拓宽了当代中国教育科学发展的道路。立德树人是高等教育的基本任务,扎根中国大地办大学是高等教育发展的必由之路。中国教育科学必须立足本土,解决中国问题。第三,推动中国特色社会主义高等教育事业的改革发展。中国进入新时代之后,高等教育的改革与发展直接关系到国家的前途与命运。建设高等教育强国是重中之重。"双一流"建设是建设高等教育强国的必由之路。第四,为中国特色社会主义事业提供强有力的智力基础。习近平对中国高等教育改革和发展的重要论述的核心是坚持教育公平、提高教育质量,这已经成为中国高等教育政策的基本价值观。在这种价值观的指引下,中国高等教育发展进入快车道,为中国特色社会主义事业提供了源源不断的人才保障。

行政权力原本并不是"贬义词",大学等单位一刻也离不开行政管理。之所以提出去行政化,是因为"在中国,行政级别附加了很多利益,都是实实在在的,对很多人具有吸引力。最近这些年对教育的投入越来越大,伴随而来的,行政权力也

第二章　发达国家高等教育体制与社会主义教育理论

变相扩大，人们对行政权力的渴望更强。由于行政官员掌握着大量资源，而在资源分配上，教授又缺乏渠道参与，导致部分人对此趋之若鹜"❶。而在教育行政化管理体制下，是官员办教育而非教育家办教育，使办学受制于行政管理，导致"现在大学的办学特色、选定的学科建设、专业，受制于行政管理，校长没多少自主权。行政管理是按照条条框框办事的，这时大学就要找到行政管理人员去谈、去磨，甚至采取一些公关行为"❷。行政权力获得巨大收益的这种"示范"作用，使教师轻学术、重攀附，教育教学水平下滑；使长期处于行政管理之下的学生唯命是从，缺乏独立思考的精神。

由中央统一领导下的分级管理的教育行政体制到去行政化改革，是教育行政管理体制自身发展、完善所必须经历的过程，也是从国家经济政治文化科技发展需要出发，建立与市场经济体制相适应的高等教育宏观管理体制的时代要求。在改革过程中，任何一种体制都要经历由不完善走向完善的过程，教育行政管理体制改革同样也是如此。

---

❶ 韩冰.教育去行政化的社会瓶颈［J］.瞭望，2010（11）：82-83.
❷ 韩冰.教育去行政化的社会瓶颈［J］.瞭望，2010（11）：82-83.

第三章 中国高校行政管理的历史沿革

在近代,中国的大学是由政府建立的,并且中国高等教育在产生之初就受到政府的严格控制,政府官员直接管理高校,没有给学术人员参与学校管理留有余地。❶由于所处的历史时期不同,社会政治经济条件和环境差异很大,政府作为高校的举办者和治理者,对高校控制和干预的侧重点和内容也各不相同。

第一节 初创阶段的大学管理

晚清时期,西方列强的大肆入侵,使得沿袭数百年的封建专制统治轰然崩塌。清政府丧失了对资源配置的掌控权力,从而丧失了对国家命脉的实际掌控能力,沦为形式上的政治独立,最终使得中国沦为半殖民地半封建社会。在外强内乱的情况下,

---

❶ 张德祥.高等学校的学术权力与行政权力[M].南京:南京师范大学出版社,2002:146.

倡导"师夷长技以制夷"思想的洋务派主张教育救国，中学为体，西学为用，并将教育体制改革作为国家发展的当务之急，推行高等教育的大学应运而生。据《清史稿·选举志》记载："自五口通商，英法联军入京后，朝廷鉴于外交挫衄，非兴学不足以图强。先是交涉重任，率假手无识牟利之通事，往往以小嫌酿大衅，至是始悟通事之不可恃。又震于列强之船坚炮利，急须养成翻译与制造船械及海陆军之人才。故其时首先设置之学校，曰京师同文馆，曰上海广方言馆，曰福建船政学堂及南北洋水师、武备等学堂。"❶这说明我国近代高校是为了摆脱内忧外患的困境而设立的，也表明早期洋务运动"师夷长技以制夷"的实践和我国学习西方教育的开始。洋务运动时期举办的专科学校是在器物层面学习西方科学技术的代表，这些学校都是为了学习"洋文"和"洋枪、洋炮和洋机器"而在洋务运动领袖们的主导下建立的，可以说是近代大学诞生的前奏。这一时期创办的大学没有独立地位，只是晚清政府的附庸。张德祥把近代中国高等教育的产生及形成过程分为三个阶段：第一个阶段是京师同文馆的建立，它标志着中国高等教育的产生以及形成；第二个阶段是京师大学堂的建立，它标志着近代中国大学雏形的建立；第三个阶段则是以《癸卯学制》《壬寅学制》的颁布为标志的中国高等教育走上制度化的发展时期。❷

中国近代大学从初创开始几乎没有脱离过行政的干预，包

---

❶ 赵尔巽.清史稿（卷一百七十志八十二）[M].北京：中华书局，1976：234.
❷ 张德祥.高等学校的学术权力与行政权力[M].南京：南京师范大学出版社，2002：134.

括教学内容和招收学员都受到了影响。作为最早的中国高等专科学校的雏形同文馆来说，当时的洋务派领军人物奕䜣向清政府提出了在同文馆增设天文、算学馆的请求。他说："开馆求才，古无成格。惟延揽之方能广，斯聪明之士争来。……因思洋人制造机器火器等件，以及行船行军，无一不自天文、算学中来。现在上海、浙江等处，讲求轮船各项，若不从根本上用着实功夫，即学习皮毛，仍无裨于实用。"❶他认为天文、算学等学科的知识是机器制造的"根本"，这在当时可以说是认识到西方科学技术精髓的先进思想，奕䜣的请求起初得到清政府的认可，但随后连招收什么样的学员来学习都遭到以大学士倭仁为首的一批顽固派封建高层官僚的反对。最后，以倭仁为代表的顽固守旧理学家虽然认输了，但以奕䜣为代表的革新主张也没取得成功。❷

在此之后，戊戌变法中的领袖人物康有为、梁启超、谭嗣同等人，把中国衰弱的本因归于教育不良、学术落后，所以他们认为救亡之道应从改良教育入手。据《清史稿·选举志》记载："自甲午一役，丧师辱国，列强群起，攘夺权利，国势益岌岌。朝野志士，恍然于乡者变法之不得其本。侍郎李端棻、主事康有为等，均条议推广学堂。"梁启超说："亡而存之，废而举之，愚而智之，弱而强之，条理万端，皆归本于学校。"他们提倡"废科举、兴学校"。康有为说："变法之道万千，而莫急于得人

---

❶ 夏东元.洋务运动史［M］.上海：华东师范大学出版社，1992：91.
❷ 夏东元.洋务运动史［M］.上海：华东师范大学出版社，1992：94.

才,得人才之道多端,而莫先于改科举。"❶维新运动期间,光绪皇帝接受了维新派的主张,京师大学堂——现北京大学的前身,正是1898年由光绪帝下旨而设立的,它不仅是中国近代所设立的第一所国立大学,同时,也正是由于它的建立,从而标志着"我国近代大学教育的正式开始"❷。在当时的整个教育体制中,京师大学堂无疑占据着最高的统治地位,然而在19世纪90年代末这一时期中,京师大学堂实际上扮演的是大学和教育部这样的双重角色。❸大学课程的设置、教师聘用的标准、招生的渠道和办法以及大学毕业生的就业安排都要统一受到清政府的监督和掌控。正如熊明安所说:"京师大学堂既是最高学府的教学场所,又是中央教育行政机关,兼管全国各省教育行政和学堂。"❹京师大学堂作为中国最早的大学,从建立那天起就具备国家行政机关的功能,它不仅要管理本校事务,还要监管全国各省教育行政和学堂。洋务派和维新派兴办的各种专科学校和大学,一般由主办人负总的领导责任或者由总督管理。至于大学内则设置监督、总教席负责领导工作。❺从那时起,大学的管理就由行政和学术权力交互使用来施行,但这种权力是不平等的。例如《京师大学堂条规》中就规定:"凡提调、分教习各员分内之事,不得推诿;分外之事不得侵越。当有管学大臣、

---

❶ 熊明安.中国高等教育史[M].重庆:重庆出版社,1988:380.
❷ 郑登文.中国高等教育史[M].上海:华东师范大学出版社,1994:24.
❸ Paul Bailey.Reform the Pepole[M].Edinburgli:Edinburgli University Press,1990:29-30.
❹ 熊明安.中国高等教育史[M].重庆:重庆出版社,1988:382.
❺ 熊明安.中国高等教育史[M].重庆:重庆出版社,1988:406.

总教习定其权限,以期责有攸归。如有贻误,一人承担。"❶这里很清楚地表明,学术权力受行政权力制约,学术权力对于其他管理事务没有参与机会。

康有为在回忆《京师大学堂章程》起草经过的时候,有这样一段记述:"自四月杪大学堂议起,枢垣托吾为草章程,吾时召见无暇,命卓如草稿,酌英美之制为之,甚周密,而以大权归之教习。……吾为定四款……又所请各分教习,皆由总教习专之,以一事权。时派孙家鼐管学,孙家鼐素知吾,来面请吾为总教习,……故面辞之,时孙尚未睹卓如章程也。时李合肥枢臣廖仲山、陈次亮皆劝孙中堂请吾为总教习,及见章程大怒,以教权皆属总教习,而官学大臣无权。又见李合肥、廖仲山、陈次亮皆推毂,疑我为请托,欲为总教习专权,又欲为专选书之权,以行孔子改制之学也,于是大怒而相攻,我遂命卓如告孙,誓不沾大学一差,以白其志。"❷从这里可以看出,晚清时期封建官僚对学堂管理权实施的严格控制,也正是秉持了过去国子监、太学的管理模式。

---

❶ 张正峰.权力的表达:中国近代大学教授权力制度研究 [M].福州:福建教育出版社,2007:20.
❷ 张正峰.权力的表达:中国近代大学教授权力制度研究 [M].福州:福建教育出版社,2007:22.

第二节　民国时期的大学管理

1911年,辛亥革命推翻了腐败的清朝统治,建立了中华民国。然则高等教育真正意义上的将西方教育思想作为指引始自第一次世界大战以后。第一次世界大战期间,帝国主义列强忙于战争,暂时放松了对中国经济的侵略,资本主义在中国社会得到一个发展机会,一批资本主义倡导者逐步走上历史舞台。他们广泛开展新文化运动,向社会大众倡导西方的先进教育思想,从机械地照搬西方先进高等教育思想,逐步提升为有选择地对西方近代高等教育思想体系中"大学自主,学术自由"这一观点的借鉴与引用。同样,也"只有在民国时期,这种具有自治权和学术自由精神的大学才能够在中国真正建立。"❶

论述中国的高等教育,就不能不提到高校学术自由的杰出倡导者和躬身践行者——蔡元培先生。在蔡元培的求学生涯中有很长一段时间是在欧洲度过的,欧洲先进、民主的教育思想在日常生活中潜移默化地影响了他。德国的教育氛围是蔡元培最为推崇的,主要是因为其教学科研的学术气氛更为自由民主。南京临时政府统治时期,时任中华民国教育总长的蔡元培将德

---

❶ [加]许美德.中国大学 1895—1995:一个文化冲突的世纪[M].许洁英,译.北京:教育科学出版社,2000:66.

国的学术自由思想进一步确立为中国现代大学的建立基础。在担任北大校长期间,他提出了对后世影响深远的"思想自由、兼容并包"的"八字方针"。而在治学过程中,他的每项决策都是在这八字方针的指导下作出的。无论是对大学自治的倡导,还是关于教授治校的切身实践,抑或是在高校推行统一的学术改革,都深受"八字方针"的思想引导。此外,蔡元培在学术作品中也论述了自己的思想。如在《教育独立议》这篇文章中,他向世人深入全面地论述了其长期主张的"教育独立"思想。该思想具体可以归纳为以下四点:第一点是"教育事业应当不受到各派政党和各派教会的影响,要完全交给教育家,以保有其独立的资格"❶。第二点是"大学的校长应该由委员会选出,大学教授所组成的教育委员会主要主持大学中的全部事务"❷。而正是由于此点,北京大学特成立了教授会和评议会,并且提倡要"教授治校"。第三点是实行选修制度,调整各个科系的设置。第四点是他认为大学想要做到真正的自治和独立,与拥有能够自主分配的资金是密不可分的。他认为,办学经费理应归教育机关进行保管。国民政府统治时期,混乱的时局使得国民政府放松了对民众思想意识的钳制。此时,在各国教育观念和多种教育管理方案的充斥下,大学逐步过渡为现代大学改革的试验场。在这种思想的指引下,各大学结合过去的办学传统,在深刻认识自身办学实际的基础上,形成了自身的办学特色。在高校管理中,大学教授获得了相对程度的学术自由,并享有

---

❶ 涂又光.中国高等教育史论[M].武汉:湖北教育出版社,2003:284.
❷ 韩延明.蔡元培、梅贻琦之大学理念探要[J].高等教育研究,2001(3):4.

一定的自治权力。然而，此时的"大学自治"并不能彰显国民政府的英明指导，也无法解释为统治者的主动放权。"大学自治"的结果只是源于时局的动荡削弱了国民政府的集权，致使其无暇顾及，实际上更没有能力再去管理大学。这一点是我们应该用理性去看待的。"高度的社会责任感，使得中国大学在这一时期获得了相对的'自由'，并且付出了巨大努力用以扶持经济和军事。"❶

总的来看，从民国初年到国民党政府这一段时间，大学的内部管理体制逐步趋于完备，并认真地向西方国家学习其在高等教育管理制度方面的经验总结。特别需要我们关注的是在北洋政府时期，由于军阀割据、连年混战、内乱四起，政府无暇顾及对教育的控制，使大学获得了一个相对宽松的发展时期，与此同时也涌现了一批诸如蔡元培等我国近代以来的教育家。正如许美德所言："只有在这一时期，这种具有自治权和学术自由精神的大学才得以在中国真正的建立。"❷这时候的教授会、评议会、董事会从制度上明确了在大学内部管理中学术权力所具有的作用。然而，随着国民政府封建的中央集权制度的加强以及其反共的政治目的的推行，其对高等学校开始实行严格控制，高等学校内部的民主性不断减弱，学术权力难以真正在学

---

❶ [加]许美德.中国大学1895—1995：一个文化冲突的世纪[M].许洁英，译.北京：教育科学出版社，2000：152.

❷ [加]许美德.中国大学1895—1995：一个文化冲突的世纪[M].许洁英，译.北京：教育科学出版社，2000：66.

校管理中发挥作用。❶

第三节 1949年后高校行政管理体制

随着中华人民共和国的成立，大力培养社会主义建设性人才和逐步提高广大民众的文化水平，成为国家发展教育事业最基本的、迫在眉睫的任务。统观新中国70多年的高等教育发展史，从机械模仿苏联模式到偏离苏联模式，从国家大一统的一级管理到两级管理，从"踢开党委闹革命"到"党委领导下的校长负责制"，从"关起门来办学"到不断在摸索和改革中前行，我国高校行政总体上经历了以下几个阶段的发展过程。

一、"高度统一、集权管理"阶段（1949—1978年）

1949年11月1日中央人民政府教育部成立，为了加强国家对高等教育的管理，1952年11月15日国家成立了高等教育部。后来教育部和高等教育部又经过几次分分合合。在这段时期，我国政府以计划的形式，一步一步地对过往陈旧的教育体制进行了系统性条理化的改革。改革的目的是解决两大问题，其一是对教育制度、内容、方法改革步骤的确定以及实施；其二是

---

❶ 张德祥.高等学校的学术权力与行政权力［M］.南京：南京师范大学出版社，2002：141.

有关高校该由谁领导的问题。总的说来，这一时期的高校管理主要表现出集权的特征，计划性非常显著。以下将这一时期的改革分为三个时间阶段予以阐述。

（一）集权管理阶段（1949—1958年）

中华人民共和国成立初期，国家对各行各业都展开了接管和改造工作，对旧中国的高等教育亦是如此。这一项工作的主要目的是让我国的高等教育摆脱帝国主义和官僚主义的掌控。在接管的过程中，我国采取一系列手段对当时的高校进行社会主义改造。为了实际掌控高校，我国政府对高等教育管理采用了集权的管理模式。1950年5月，政务院颁布《各大行政区高等学校管理办法》，确定各大行政区的高校由中央教育部领导。各高校的重要方针，除由中央教育部作一般性的统一规定外，各大行政区教育部或文教部也要作适应地方性之规定，但须报中央教育部核准后始得执行。❶有关高等教育的方针、政策、任务、发展规模、教育模式、培养目标，直至课程和教学内容，都是由政府教育主管部门统一作出规定，高等学校的任务只是执行。❷1950年7月，政务院在《关于高等学校领导关系的决定》中提出全国高校"以由中央人民政府教育部统一领导为原则"，各大行政区人民政府、军政委员会、文教部均可根据中央规定领导本地区高校。1952年11月，高等教育部成立，专门从事全

---

❶ 中国教育年鉴编辑部.中国教育年鉴（1949—1981）[M].北京：中国大百科全书出版社，1984：776-777.

❷ 李宁.论新公共管理视野下政府管理高等教育的职能定位[D].长春：东北师范大学，2006：13.

国高等教育管理工作。次年5月，《政务院关于修订高等学校领导关系的决定》（以下简称《决定》）指出：凡中央高等教育部颁发的有关全国高等教育的计划、制度、法规、指示或命令等，全国高等学校均应执行。它确立了政府管理部门在高校管理中的重要地位，对高校的直接管理工作作了明确的分工。在这之后的数年间，全国各地纷纷响应《决定》，严格遵照《决定》内容对各高校实施集中统一的管理。1955年，全国227所高校全部由高教部和中央其他业务部门直接管理。这种做法源于对苏联高等教育管理体制的借鉴，面向全国，是一次全国性的、大规模的院校调整。辩证地看待这次全国大范围的调整，一方面，由于其实施的是统一集权式的管理，能够有效确保党对高校的统一领导，因此使正常的教学秩序得以建立和维持；然而，另一方面，通过归纳多年的实施成果，从中可知对集中统一的过分强调和要求会导致政府对学校产生许多不必要的限制，尤其是对创新性和办学自主性、积极性的限制。1956年4月，毛泽东指出："应当在巩固中央统一领导的前提下，扩大一点地方的权力，给地方更多的独立性，让地方办更多的事情。"❶从此，中国逐渐认识到苏联模式给中国高等教育发展带来的羁绊，开始尝试向地方适当放权、向高校适当放权，高等教育管理权在国家高等教育部的领导下开始了下放工作。

（二）中央与地方分权管理阶段（1958—1966年）

这一阶段是高等教育的调整、巩固、充实、提高阶段。1958年，

---

❶ 毛泽东.毛泽东选集（第5卷）[M].北京：人民出版社，1977：275.

国家开始重新划分高校的隶属关系，许多部属高校下放到各省，由各省教育厅或高教局代表政府管理。1958—1960 年，随着在政治和经济领域扩大管理权限机制的展开，高校也相应地由中央集中统一管理改为省、自治区、直辖市直接管理。1963 年，国家颁布《关于加强高等学校统一领导、分级管理的决定（试行草案）》，明确了对高校实行中央统一领导、实行中央和地方两级管理制度，这不仅标志着中央和地方两级在办学管理体制方面的逐步形成，同时也在一定程度上调动了中央和地方在办学问题上的主动性和积极性。

第一阶段，权力下放、地方管理为主。国家对中央与地方管理权限的调整始于 1958 年。是年 3 月，中共中央在《关于高等学校和中等技术学校下放问题的意见》中规定：除少数综合大学、部分专业学院和中等技术学校仍由教育部或者中央有关部门直接领导外，其他的高校和中等技术学校归省级地方政府领导。8 月，党中央、国务院颁布《关于教育事业管理权力下放问题的决定》，提出改变条条为主的管理体制，加强地方对教育事业的领导管理。据此，教育部联合其他相关部门对高等教育开展了一系列的调整工作。工作涉及各部门对中央一系列相关方针政策的研究和贯彻执行，是对高校管理权问题的积极有效调整。通过这次调整，除了少数高校仍保持原来接受教育部以及国家各相关部门的领导外，绝大多数的高校管理权都下放给各省、市、自治区。除此之外，该项工作还对中央和地方的管理权划分进行了进一步更加明确的界定。

这一时期我国高等教育管理体制主要以分散为主，在一定程度上改变了权力过度集中的问题,对调动地方办学积极性有很大的帮助。然而这种权力的下放给我国的高等教育事业带来了许多问题。由于经验的缺乏和认识的不足,高等教育管理不可避免地走上了冒进的道路。这段时期,全国的高校数量大幅增加,由 1957 年的 229 所,到 1960 年猛增至 1289 所,增加 4.6 倍。❶ 盲目追求快速发展使得对高等教育质量的把关问题受到了严重的忽视,而在发展过程中所花费的资金更是给本来就脆弱的国民经济造成了严重的负担。这也就不难理解为何后来高校发展又陷入了混乱状态。

第二阶段,统一领导、分级管理。1963 年 5 月,在总结前一阶段改革经验教训的基础上,国家颁布《关于加强高等学校统一领导、分级管理的决定(试行草案)》,规定:"对高等学校实行中央统一领导,中央和省、市、自治区两级管理的制度。"❷ 还对教育部、中央有关部门以及各省、市、自治区的高等教育管理分工有所涉及,并明确作出了中央和地方分级管理的决定。由教育部代表中央对全国高等教育行政机关统筹管理;全国各省、市、直辖市以及自治区政府和高教厅局或者教育厅局在地方党委的领导下,根据中央的政策、规章直接管理一部分高校,工作中对教育部负责;省级有关业务厅局协同高教厅局或者教育厅局分工管理与本部门业务有关的高校,接受中央有关业务部门的指导。这样,新的高等教育的中央集权管理体

---

❶ 范惠莹. 新中国成立后我国高等教育管理体制演变综述 [J]. 高等农业教育,2002(1):16.

❷ 何东昌. 中华人民共和国重要教育文献(1949—1975)[M]. 海口:海南出版社,1998:850.

制得以确立。总的说来，该项体制的确立有效地纠正了前一阶段由高校数量不科学地盲目增长所引发的混乱局面，对于促进高校管理工作是极其有必要的。这样，一方面能加强中央对全国高等教育工作的宏观掌控，加大指导力度，有效规范高校的日常运作；另一方面，通过这项工作有效整合调动了资源，促进了高校秩序的进一步调整和整合。

（三）秩序混乱阶段（1966—1976 年）

1966 年 6 月，中共中央《关于改进 1966 年高等学校招生工作的请示报告》，将招生工作下放到省、市、自治区办理。1969 年 10 月，中共中央《关于高等院校下放问题的通知》中将除国务院各部委所属的在北京的少数院校外的其余院校的管理均放权给各省、市、自治区领导。这期间，有许多高等院校被撤销或合并。至 1971 年，全国原有的 434 所高校中，仅有 328 所予以保留。由此可见，有将近四分之一的高校在这次改革的浪潮中被兼并或是取缔。纵观这段时期，高等教育管理权和领导权重新恢复为分散式的管理，各地方政府再次获得了辖区内的高等教育领导权和管理权。而与前阶段分权管理所不同的是高等教育管理体制的具体内容和主要形式。在此期间，教育部被国家撤销，导致高校管理又陷入一种无序的状态。直至 1975 年教育部的重建，教育主管部门的缺失在中央层级长达八年。其结果是全国上下的教育管理近乎于溃散、混沌，高等教育的发展工作也处在停滞状态。另外，由于多种原因，教师和学生不得不离开学校和课堂，造成了我国人才与教育的断层。这一时期高校的管理体制，沿袭了抗战时期的"抗大"模式，教学、科研被淡化，突出强化思想政治教育。高校广大师生员工思想不断跟随变化，一再陷入混乱，教学秩序被打乱。1975年，国家恢复中央教育部，开始加强对全国高等院校的集中统一管理。

二、"统一领导、分级管理"阶段（1977—1992年）

1976年后，高等教育管理秩序逐渐恢复。1976—1985年进入高等教育的恢复和发展时期。1977年，邓小平恢复工作后，抓科学与教育工作，开始在教育领域拨乱反正。相继发布了一些政策恢复和重建大学治理结构，涉及大学治理的方方面面。其中，在外部管理体制方面，教育部把1963年的《关于加强高等学校统一领导、分级管理的决定（试行草案）》重新发布，使高校外部治理结构得以重建，"中央统一领导，中央和省、市、自治区两级管理"的体制再次得到确立。高等教育也逐步恢复了20世纪60年代初期形成的"统一领导、分级管理"的行政管理体制。1979年12月6日，《人民日报》刊发苏步青等几位著名大学校长《给高等学校一点自主权》的倡议，拉开涉及转变政府职能，重新调整政府与高校之间关系等高等教育体制改革的序幕，直面高等教育高度集权的管理体制。1985年5月，《关于教育体制改革的决定》颁布和实施，高等教育体制改革如火如荼地在全国范围内展开。其中明确提出了"在教育事业管理权限的划分上，政府有关部门对学校主要是对高等学校统得过死，使学校缺乏应有的活力；而政府应该加以管理的事情，又没有很好地管起来"。"当前改革的关键，就是改变政府对高等学校统得过多的管理体制。在国家统一的教育方针和计划的指导下，扩大高等学校的办学自主权，加强高等学校同生产、科研和社会其他各方面的联系，使高等学校具有主动适应经济和社会发展需要的积极性和能力。"第一次明确提出"坚定实行简政放权、扩大学校的办学自主权"。这是对高校主体地位的高度重视和一次重大的历史突破。这次改革的成功以及在高等教育管理体制方面取得飞跃得益于国家经济体制改革的推动，并为高等教育体制改革明确了方向，高等教育事业进入了一个更加全面的改革时期。

纵观高校管理，在改革开放时期，我国以"统一领导、分级管理"为主要原则的高校管理体制的形成经历了一个历史过程。1978年2月，国务院转发《教育部关于恢复和办好全国重点高等学校的报告》，要求"根据有利于党的领导，有利于发挥中央和地方两个积极性，有利于在教学和科学研究工作中早见成效的原则，对全国重点高等学校要实行统一领导、分级管理"。这标志着国家再一次对国内重点高校的统分管理。次年9月，中共中央又批转了教育部《关于建议重新颁发〈关于加强高等学校统一领导、分级管理的决定〉的报告》，这是对1963年《关于加强高等学校统一领导、分级管理的决定（试行草案）》试行效果的有力肯定，除了基于国情实际对个别条文作出部分修订以外，基本精神和主要规定仍认定为适用并予以保留。

自此之后，统一领导、分级管理的管理体制得以在全国高校逐步恢复，原有的隶属关系得到了重新的、更为科学的梳理。

中央层级的高等教育管理部门加强了对重点高校的领导,使各部委下属的高校增加。1981年,基本完成了"统一领导、分级管理"体制的恢复工作,高等教育再次走上了正常轨道。然而,实践证明,"统一领导、分级管理"仍有缺陷,比如说中央对高校管理过多、过细,使高校内部管理丧失了自主性,并使得高校内部学术创造性的发展有所限制。

1984年末到1985年初,中共中央先后颁布《关于经济体制改革的决定》和《关于科学技术体制改革的决定》,受此影响,教育体制再次走上改革的道路。1985年5月,中共中央颁布《关于教育体制改革的决定》,明确实行中央、省(市、自治区)和中心城市三级办学的体制,扩大了地方和高校的办学自主权,增强了高校面向社会需要办学的主动性和活力。1986年3月,为贯彻落实《中共中央关于教育体制改革的决定》的精神,达到加强和改进国家对高等教育的宏观指导和管理的目的,国务院又颁布了《高等教育管理职责暂行规定》,对各级教育行政部门关于高等教育的管理职能加以细化:国家教委在国务院的领导下,主管全国高等教育工作;国务院有关部门在国家教委的指导下管理其直属高等学校;省、自治区、直辖市人民政府管理本地区内的高等学校。文件同时要求扩大高等学校管理权限,增强高等学校适应经济和社会发展需要的能力。❶至此,我国高等教育的统一领导、分级管理制度正式确立。

1985年以后,中国高等教育管理体制进入改革和发展阶段。

---

❶ 何东昌.中华人民共和国重要教育文献(1976—1990)[M].海口:海南出版社,1998:2392-2394.

1985年，教育部更名为国家教育委员会，负责全国各级各类学校统筹管理和业务指导。1985年3月，为更深入地贯彻落实《中共中央关于教育体制改革的决定》文件精神，进一步实施国家对高等教育的宏观指导和管理政策，给高校更多的办学自主权，国务院在《高等教育管理职责暂行规定》中对各高校管理主体的权限重新进行了明确和划分：明确了国家教委、国务院有关部门和各级人民政府对高等教育的管理职责，提出扩大高校的管理权限，增强高校适应社会和经济发展需要的能力，对高校在"教学、科研、人事、经费、人才培养、基建项目、职称评定和外事工作"等方面的自主权作了更明确的规定，为高校行使自主权提供了法律依据，调动了高等教育各领域的主动性和积极性。这些措施有助于我国高校管理体制的协调运行，为我国高等教育更好地服务现代化建设提供了保证。自此，高等教育管理体系进入更加重要的时期。此后数年间，各省、自治区、直辖市人民政府均根据《高等教育管理职责暂行规定》制定相应措施，下放上述的相关权力。这些权力的下放进一步扩大了高校的自主权，使其办学积极性得以充分调动起来，我国高等教育发展实现了一次更高的飞跃。

从整体上来看，改革开放时期，我国政校之间的关系趋于缓和，政府对高校的权力下放也得以逐步实现，各高校的自主办学空间更是得以进一步的扩大。但是，受计划经济体制的影响，《中共中央关于教育体制改革的决定》虽然颁布，但其所产生的效果仍不尽如人意。高校的办学自主权仍不能得到真正全面的落实，阻滞了高校办学质量、办学积极性、办学效益的提高。

高等教育管理体制对社会主义市场经济不断增长呈现出很强的不适应性。根据国家经济发展变化及时调整高等教育管理体制是一个关键性问题，在改革的过程中，高校的创办必须要紧跟时代，要体现创新、办出特色。

总之，"统筹指导，分级管理"等管理体制的确立，帮助高等教育事业再次踏上正常化的发展轨道。不过，伴随改革开放大潮的进一步影响，这种管理体制日益成为高等教育凸显的主要问题。加之中央有关部门的不放手、不放心，致使学校难以保留内部管理的自主性，也难以发挥学术上的创造性，成为我国高等教育发展的羁绊，影响我国高等教育的快速发展。

三、"国家统筹、学校自主办学"阶段（1992—2002年）

20世纪90年代初，为适应市场经济发展需要，国家再次开始高等教育管理体制改革。1992年，党的十四大正式通过了建立社会主义市场经济体制的决议。传统的模式早已无法适应新时期的市场经济，而为了有效应对这种困顿的局面，构建顺应社会主义市场经济体制的高等教育管理体制改革被提上日程。1993年1月，国务院批准国家教委《关于加快改革和积极发展普通高等教育的意见》，指出："高等教育管理体制的改革方向是，逐步实行中央与省（自治区、直辖市）两级管理、两级负责为主的管理体制。"❶高等教育管理由政府一方主管的体制逐步开始转变,而促进转变的关键是向社会团体抛出橄榄枝,调动社会力量办学的积极性。要将进一步完善国家高等教育管理模式、办学模式作为改革的主要任务,通过多方努力,最终建立起一个国家统筹、高校面向社会自主办学的新高等教育管理体制。1993年2月,中共中央、国务院印发《中国教育改革和发展纲要》,对我国高等教育改革工作提出了更进一步的要求。首先明确了政府与高校、中央与地方、国家教委与中央各业务部门之间的关系,还规定了实行中央和地方两级管理、以地方为主的管理体制。扩大了省一级管理权力和责任。提出"主要解决政府与高等学校、中央与地方、国家教委与中央各业务部门之间的关系,逐步建立政府宏观管理、学校面向社会自主办学的新体制"。❷在办学体制上,提出"逐步形成以中央、省(自治区、直辖市)两级政府办学为主、社会各界参与办学的新格局"。

1995年7月,国务院办公厅转发国家教委《关于深化高等教育体制改革的若干意见》,提出:"高等教育管理体制改革的目标是,力争到2000年或更长一点时间,基本形成组织者、管理者和办学者责任分明,以财政拨款为主,多种渠道经费投入,中央和省、自治区、直辖市人民政府两级管理、分工负责,以省、自治区、直辖市人民政府统一筹划为主,条块有机结合的

---

❶ 何东昌.中华人民共和国重要教育文献(1976—1990)[M].海口:海南出版社,1998:3451.

❷ 何东昌.中华人民共和国重要教育文献(1976—1990)[M].海口:海南出版社,1998:3470.

体制框架。"❶其后，中共中央及国务院各部门先后在上海、南昌等地召开了四次高等教育管理体制改革座谈会，明确提出"共建""合作""合并""协作""划转"这五种改革模式，❷为全国性的高校管理体制改革提供了明确、具体的思路，为教育改革探索了一条途径，因而加快了改革的步伐。不过，统观各地的实践情况可知，社会力量并没有对自主办学表现出预想中的积极性，社会力量办学效果也不甚显著。因此，从根本上来说，高等教育管理体制仍不能摆脱过去"条块分割"的模式。

1996年4月，国家教委在《全国教育事业"九五"计划》和《2010年教育发展远景规划》中提出淡化和改变高校的单一行政隶属关系。1997年党的十五大进一步提出"优化教育结构，加快高等教育管理体制改革的步伐，合理配置教育资源，提高教育质量和办学效益"。❸还提出包括完善、调整普通高校的管理体制，增加地方政府的高校管理数量，以及进一步扩大管理权限等机构改革任务。同年，国家教委办公厅印发《关于转变职能加强宏观管理，扩大直属高校办学自主权的若干意见》，提出调整政府与高校之间关系的八条意见。1998年3月，九届全国人大一次会议通过《关于国务院机构改革的决定》，国家教育委员会更名为教育部，并对其职责和权限作了划分和调整。

---

❶ 何东昌.中华人民共和国重要教育文献（1976—1990）[M].海口：海南出版社，1998：3852.
❷ 周远清.高教管理体制改革和布局结构调整取得历史性的重大进展[N].中国教育报，2000-12-15.
❸ 屠森林.新时期高教管理体制改革：回顾、探析与展望[J].理论研究，2000（2）：15.

这一段时期是我国教育体制改革发展最为快速的时期。1999年11月，全国高等教育改革经验交流会在扬州召开。会上，国务院副总理李岚清把原来的五种改革模式归纳为"共建、调整、合作、合并"的八字方针，部署了加快和加大改革步伐和力度，全面推进改革的任务。❶ 国务院所属的28个部委也明确今后将逐步放弃办学职能。在"共建、调整、合作、合并"方针的指导下，中央和地方共建共管高校以及转化部分中央院校为地方管理的政策施行，基本完成高等教育管理体制和布局结构的调整。

1999年，《中华人民共和国高等教育法》颁布实施，该法第七条对推进高等教育管理体制改革的主要任务和根本目标作出了明确要求："优化高等教育结构和资源配置，提高高等教育的质量和效益。"另外，第十三条、第十四条明确了高等教育管理体制改革的原则和方向："国务院统一领导和管理全国高等教育事业"，"国务院教育行政部门主管全国高等教育工作"，赋予学术组织以法律地位，承认大学组织属于独立法人这一法律性质。除此之外，《中华人民共和国高等教育法》对高校的办学水平以及教育质量的监督还作出了法律意义上的规定，由国家行政主管部门负责监测高校的办学水平和教学质量，以法条的形式赋予教育行政主管部门监督权。通过对《中华人民共和国高等教育法》的层层落实，进一步理顺、澄清了政府与高校之间的关系，高校成为名副其实的自主办学、自主管理、自主发展的办学实体，法律赋予高校配置内外部资源的权力。《中

---

❶ 宋文红. 我国高等教育宏观管理结构的演变及其启示［J］. 中国海洋大学学报（社会科学版），2004（5）：4.

华人民共和国高等教育法》的颁布和实施还确立了国家统筹、以省政府管理为主的新的高等教育管理体制。2000年，国家进行了第二次部属学校管理体制改革，标志着高等教育宏观管理体制实现了历史性的重大突破，逐步建立起国家和省级政府两级管理、分工负责，在国家宏观政策指导下，以省级政府统筹协调为主的新体制，高校布局日趋合理。❶ 在2001年全国教育工作会议上，教育部部长陈至立指出：2001年的教育工作要围绕国家"十五"总体发展目标和战略部署，继续"深化高校管理体制改革，下一步要加快省级部门、行业所属高校的调整步伐，优化布局结构"❷，通过调整，逐步形成国家统一管理、高校面向社会自主办学的基本框架。

四、"政校分开、管办分离、多元参与"阶段（2002年至今）

2004年2月，教育部颁布《2003—2007年教育振兴行动计划》。在第九部分"加强制度创新和依法治教"中明确提出了"探索建立现代学校制度"的新要求。要紧密贯彻落实《中华人民共和国行政许可法》，促进政府职能的转变进程。同时要改变教育行政审批制度，对教育行政许可项目予以清理。还需制定、出台一系列的相关配套政策，使教育管理与服务体系得以建立。此外，进一步规范国家教育行政部门关于高等教育政策制定、

---

❶ 周远清. 创新高教体制 为新世纪奠基［J］. 中国高教研究，2001（4）：3.
❷ 袁新文. 陈至立谈"十五"教育工作［N］. 光明日报，2000-12-23.

宏观管理和指导监督等三个方面的职能，依法保障地方教育行政部门的教育统筹权和学校的自主权。推进政务公开，加快教育电子政务系统建设。2010年7月，《国家中长期教育改革和发展规划纲要（2010—2020年）》提出建设现代学校制度，推进政校分离、管办分开，建设依法办学、自主管理、民主监督、社会参与的现代学校制度，构建新型的政府、学校、社会之间的关系。

2015年11月，国务院印发《统筹推进世界一流大学和一流学科建设总体方案》。在"完善内部治理结构"部分明确提出："建立健全高校章程落实机制，加快形成以章程为统领的完善、规范、统一的制度体系。加强学术组织建设，健全以学术委员会为核心的学术管理体系与组织架构，充分发挥其在学科建设、学术评价、学术发展和学风建设等方面的重要作用。完善民主管理和监督机制，扩大有序参与，加强议事协商，充分发挥教职工代表大会、共青团、学生会等在民主决策机制中的作用，积极探索师生代表参与学校决策的机制。"中共中央、国务院于2016年5月印发的《国家创新驱动发展战略纲要》中强调：要加快中国现代大学制度建设，进一步推进管、办、评分离，逐步扩大学校办学自主权，完善学校内部治理结构。2016年9月9日，习近平总书记强调，要不断深化办学、管理、经费投入等方面体制改革，考试招生及就业制度方面的改革，深化学校内部管理制度、教学管理制度等方面的改革，在人才培养模式、教学内容及方式方法等方面也要不断进行改革，使高等教育的发展更加符合人才培养规律、更加符合教育发展规律。习近平总书记关于高等教育综合改革的重要论述，强调了高等教育不能故步自封，只有改革才能不断促进发展；高等教育全面综合改革的核心在于理顺政府和高等教育之间的关系，政府要加大简政放权力度，逐步扩大高校的办学自主权，促进高等教育"放管服"改革。习近平总书记关于高等教育改革的重要论述，是在新的发展形势下，着眼于当前我国高等教育发展的实际，既具有鲜明的时代性，又具有前瞻性，体现了习近平总书记对高等教育的高度重视和关心，也为高等教育改革提供了新的理论指导。

但由于政府在高校办学过程中管得过多，主导过度，"形成了我国特有的高等教育行政管理体制"❶。这样的管理体制又在一定程度上影响了高校办学自主权的落实。2017年4月，教育部等五部门出台了《关于深化高等教育领域简政放权放管结合优化服务改革的若干意见》，从完善高校学科专业设置机制、改善高校进人用人环境、改进高校教师职称评审机制、完善和加强高校经费使用管理、完善高校内部治理等八个方面对高等教育"放管服"改革进行了宏观设计和指导，进一步扩大了高校的办学自主权。所以有人说，此举迈出了去行政化改革的关键一步。

2015年10月，在党的十八届五中全会上，习近平总书记首次提出"构建全民共建共享的社会治理格局"理念。在党的十九大报告中，习近平总书记进一步提出"打造共建共治共享

---

❶ 孙卫华，许庆豫. 差异与比较：我国高校办学自主权的思考——兼析地方高校办学自主权现状［J］. 浙江社会科学，2017（4）：72-80.

的社会治理格局"。2018年3月的《政府工作报告》也突出强调"打造共建共治共享的社会治理格局"。"共建共治共享"治理理念彰显了一种新的改革方向，即构建以人民为中心，以均衡为导向，以提供公共服务为重点的社会治理模式。"打造共建共治共享社会治理格局"，蕴含着大学法治体系由多元主体共同建设、法治过程由全体师生共同参与，并且在充分保障大学自治的前提下尊重政府和社会各界有限参与、法治成果由各方共同享有等含义。

"共建"的主体包含大学师生、政府、社会等，其对象则涵括诸如大学基础设施、大学制度、院系组织、校园文化、师资配备等的软硬件建设。这都需要政府、社会和师生等共同参与。"共治"是指"党委领导、校长负责、师生参与、社会协同、法治保障"的大学治理体系的表征。它意味着治理任务、责任、权力的明确划分，意味着冲突的有效调和，以及不同利益主体的协调、联合与可持续的共同行动。"共享"即全体社会成员共同享有大学和高等教育的成果。由此，"共享"的主体除了大学师生外，还延至国家和社会，如社会生产部门、上层建筑领域等。打造大学治理法治化新格局，是顺应新时代高等教育发展潮流的必然选择，也是提高我国大学治理体系和治理能力现代化水平的必经之途。

顺应国家行政管理体制改革要求，不仅要对政府的管理权限加以明确和界定，还应对各级各类学校的办学权力和应负职责加以明确。要依据各自不同的教育类型和人才培养模式来制定各自的办学模式，其目的是避免高校办学的千篇一律。学校的目标管理和绩效考核评估机制也需相应地完善。学校的各项办学举措和发展手段理应接受学校师生和社会大众的广泛监督,在学校管理工作中制定校务公开制度。除此之外,要克服不合理的行政化倾向,逐步取消学校的行政级别,改变传统的行政化管理模式。对进一步改革办学体制提出了新的要求,需坚持教育的公益性,以政府为主导,号召社会团体或个人的积极参与,使得多元化的办学主体施行多种形式的办学模式,力求建立出符合学校实际又充满无限生机的办学体制。全社会的积极参与不仅能够从大环境背景下激发教育的活力,还能在实际上满足社会多样化、多层次的教育要求。高等教育管理体制改革的进一步推进能够促使政府的职能更好地转变。这就要求政府做好统筹,实施政策引导,运用监督机制加强管理,以为社会提供完备的服务为己任,建立健全公共教育服务体系,只有如此才能有望做到保证公共教育服务均衡化,实现维护教育公平和维持教育秩序的根本目的。传统的教育管理是单向的、由政府掌控学校的教育管理模式,这其中有很多行政干预是必要的,而解决方法需要国家完善相关立法,做好教育管理行政规划,辅以资金和信息支持,加强政策和措施引导。这样才能构建一个全面统筹、各司其职、各负其责、保障有力的完备的教育管理体制。

第四章　中国高校管理行政化的成因与影响分析

　　关于高校行政化和高校去行政化的概念在引言中我们有过解释。这里我们引用中国农业大学原校长柯炳生教授对行政化含义的解释。他认为行政化包含两种含义：其一是国家政府的教育行政管理部门对全国各高校实施管理所表现出的行政化；其二是指在高校内部，行政权力超越学术权力对学校进行管理的行政化表现。❶ 通俗点来说，教育行政化就是教育官化、教育权力化，教育不是由学者说了算，而是由行政官员说了算。

---

❶ 陈叶军.农大校长柯炳生：大学仅仅去行政化是不够的[J].科教新报（教育科研），2010（3）：17-18.

第一节 政府过度干预

一、传统的"官本位"思想观念因素

首先,"学而优则仕""官本位"传统思想的影响。中国有丰富的传统文化,其中"长幼尊卑"的儒家思想是社会伦理道德观的核心组成部分,这种自发的以家庭为核心的从内向外扩散的"上下"意识,深深地印刻在广大民众的内心之中,在整个社会中有广泛而深刻的影响,这种心态对行政关系向社会其他各个领域的扩张提供了便利的思想基础。在中国两千多年的封建社会历史中,政治制度是典型的中央集权的专制制度,发达的政治权术、复杂而完善的官僚体制,在封建科举制度的有力配合下,形成了这种"学而优则仕"和"官学一体"的模式,在此基础上便形成了牢固的"学在官府"及"官本位"的社会认知心理。官员的"恋官情结"和民众的"拜官主义"构筑了在大多数中国人心中普遍存在的、根深蒂固的、延续了上千年的、稳固的"官本位"社会结构。在传统文化和社会大环境的影响下,就连远离行政权力的高校,也热衷于向行政权力靠拢,这种"官本位"思想在各大高校中盛行。行政权力支配着整个社

第四章　中国高校管理行政化的成因与影响分析

会，缺乏制衡和监督，社会也在行政法规的操作下运行，最不应该行政化的学术和科研机构，也深受影响。之所以会出现几十位教授争一个处长职位的现象就是因为人们深信"官大学问大，官大就是真理"。在高校里，行政权力除了控制着科研项目、经费预算、人才引进、职称评定，还掌握着教师的管理与考核，大家对各种利益向"为官者"倾斜就不足为奇、见怪不怪了。行政权力、关系至高无上成为高校运行和发展中新的"精神时尚"。这种"官本位"思想导致高等教育精神衰退，严重损害了高等教育的本质。❶

其次，从中华人民共和国成立初开始，高校就设立了行政级别，把高校管理等同于行政管理，给高校及高校的管理者套上不同的行政级别，大多身兼教学、行政二职，大学教授、副教授也纷纷想在行政事务中谋求一官之位。"官本位"的价值观在高校中主要体现在以下几点：一是权力上的"官本位"，表现在大学里主要是行政压倒学术成为大学管理的主体；二是级别上的"官本位"，主要体现在大学等级、编制和机构设置上；三是待遇上的"官本位"，具体在高校管理中体现为以职级定薪酬，即薪酬的高低由职级的高低所决定；四是价值导向的"官本位"，即在高校管理中判断一个人是否成功的标准是这个人是否承担一定的官职。长此以往，赋予个体官职成为高校管理中最有效的激励方法。上述四个表现导致了高校行政化的严重结果。过度强调行政权力必然会导致学术权力的削弱。"我国

---

❶ 童乃诚.抓住主要矛盾——我国高校"去行政化"的改革策略探究［J］.安徽农业大学学报（社会科学版），2011（2）：49.

并没有现代意义上学术自由这一概念,学术自由的根基并不深厚,中国现代高校是从西方引进的,但我们对学术自由于高校生死攸关性却缺乏理解。"❶

由此可知,"官本位"将一个人的官职及其大小作为社会的核心价值标准,并且是唯一的衡量标准。"官本位"思想是封建传统文化思想的重要组成部分。在教育领域,我国传统的教育权力归属可以为四个字所体现,即"学在官府"。学校不过是官府向世人灌输阶级思想的统治工具,完全由官府所掌控,不得不受到"官本位"的意识影响。

二、政府职能履行越位和角色转换不到位

随着社会主义市场经济体制在我国建立和逐步深入,政府职能也在跟着变化。政府职能的转换还不到位,政府在履行其职责的过程中仍然存在角色错位的现象。"在处理政府与高校之间的关系时,政府还是习惯于用行政审批和行政计划的手段直接管理高校事务,将本应交还给高校的权力握在自己的手上。"❷依据现代社会经济发展对政府职能的要求,转变政府职能就是要做到政事分离,高等教育行政主管部门在行使教育宏观统筹时应该采取间接的政务管理而不是直接的事务管理,更多地利用宏观调控的手段,少用或不用微观方面的行政管理权

---

❶ 周光礼.学术自由与社会干预——大学学术自由的制度分析[M].武汉:华中科技大学出版社,2003:89.

❷ 周光礼.学术自由与社会干预——大学学术自由的制度分析[M].武汉:华中科技大学出版社,2003:48.

限。具体说来，行政管理部门要制定和监督法规、政策的实施，监察学校依法办学，保证国家的教育方针政策贯彻落实；通过宏观规划、拨款、评估和发布信息等手段，为高校的发展提供适当的引导和服务，这才是政府的主要管理职能。政府对高等教育只承担着有限的控制职能。

从实际情况来看，正是因为政府的职能转换不到位，所以政府总是在无意中插手干预那些本来应由高校自己处理的事务，从而导致政府在履行其职责时出现角色错位的情况，甚至在某些情况下，由于管理者的素质和水平因素不知道该采用哪种合适的管理方式，会不自觉地超出自己的权限范围，而去控制高校的各项事务。而政府掌握着高校的人事任免、事务管理以及财政拨款和各项评估的权力，这就使得高校在发展的过程中不得不依赖于政府。传统的高等教育管理体制属于集权模式，这必然使学校成为政府的附属品，而作为真正的办学实体，学术组织不仅不能获取合理的自主权，就连真正的法人地位都难以获得。更加值得深思的是，作为学术机构，学校不仅无法获得招生招聘、资金配置以及发展规划方面的办学自主权，就连高校自身的本职工作如教学、科研都没有发言权。如此看来，高校的学术管理早已被行政管理所取代。"高校作为学术性机构的组织特征表现模糊。"❶

总的来说，归因于教育行政主管部门在履行对高校的管理职责、行政管理权力过程中，其角色偏离了自身的职责任务、活动范围、运行轨道，从而出现了违背高校的意志、损害高校

---

❶ 谢安邦.高等教育学［M］.北京：高等教育出版社，1999：136.

利益的权力滥用现象。❶ 首先，是高校行政级别被强化。高校内行政系统拥有很多级别，行政人员具有不同的等级，形象地概括起来说高校行政管理编制模型呈金字塔状。而行政级别的划分具体能给高校管理带来什么帮助呢？当前体现为职工在学校的地位以及薪酬级别的确定。这时候我们就不得不考虑一个问题：在一个以学术研究为主导的学术组织，其管理不能保留学术性质，其标准不参照学术水平，这样的管理偏离了高校管理的正常轨道，难免成为政府的附庸。其次，是行政化在高校评估和政府监督方面的体现。高校评估是政府统一安排展开的，有关评估的主体、内容、标准也都是政府单方面制定的，而所谓的监督也不过是政府把高校当作上下级一样去掌控罢了。

面对这种情况，政府已经认识到，也想过解决问题的办法，但是在职能转换不到位这一前提下，并不能找到行之有效的办法。政府只有真正转换职能，才能找到符合高等教育发展规律的对策。

三、政府主导的高校运行体制的惯性延续

中国的大学是在政府主导下创立的，在产生时间上与西方大学相比推迟了近 700 年。由于建立时间短，历史积淀不深，也由于中国大学是政府主导之下的产物，这也导致其在根源上就不具备自主性。因此，"大学不仅很少阻拦政府对其内外事

---

❶ 龙献忠.论高等教育治理视野下的政府角色转变［J］.现代大学教育，2004（1）：74-77.

宜的直接管理还将其视为理所当然的管理模式，当前大学精神在我国缺乏必要的生存土壤就是因为这种模式。"❶ 在中国，无论是政府、社会民众还是大学本身在思想层面都默认政府应该掌握大学的发展。

中国高校对政府管理的服从及依赖根源于计划经济管理体制。中华人民共和国成立后，高校就被列入计划经济管理体制这个高度统一的计划之内，高校是国家的下属机构，高校必须接受国家直接的行政指令式管理。在这种体制下，政府是高校的举办者、管理者，还是办学者，这种"政校不分"情况都是由政府的多重而混乱的角色所致。在长期的计划经济体制的导向下形成的惯性，以至在管理高校事务时，政府还是习惯于采用行政审批的手段对高校进行直接的干预。同时，高校在计划经济惯性影响下产生了"等、靠、要"的心理和行为定式。即使有的高校想维护自己的应有权力，但由于先天劣势，总是显得很无力。在这种制度体系下，国家对高校的集权管理成为管理手段上的首要选择，并成为一种习惯性选择。在这种惯性延续下，我国历史上，政府与高校的关系一直是明确的领导与被领导的关系。

---

❶ 蔡克勇. 20世纪的中国高等教育（体制卷）[M].北京：高等教育出版社，2003：92.

第二节　高校内部权力结构冲突

一、学校行政部门服务意识淡薄

由于高校内部行政压倒学术取得绝对的管理权，学术权力被放逐，使得学术权力在日常高校管理中难以对抗行政管理权。此时，"官本位"的核心价值体系便容易在高校内部滋生，诱使学者们不再以科研成果的多少为荣，摒弃知识，转投功利、名利、权力、地位。在"官本位"价值观充斥的高校校园，行政权力容易被放大，高校将失去其本原。当一切评估的价值标准不再是学术、文化，而是被官职、地位所取代，必然会淡化学校行政部门的服务意识，造成行政权力"唯我独大"的尴尬局面。

二、学术权力与行政权力之间的矛盾客观存在

学术权力和行政权力是并行在高校内部的两大权力体系。学术权力以专家学者为代表，以教授委员会、学术委员会为载体。而行政权力的主体由行政工作人员组成，其载体是行政机

构。学术权力的动力来源于学术的权威性,其本身不带有强制性。此时以层级性和强制性为主要特点的行政权力便容易与其发生冲突,甚至取代学术权力,其结果为高校内部管理中的"行政化"现象。

(一)校内行政权力泛化,学术权力式微

北京大学原常务副校长王义遒指出:"现在高校里有一个非常不好的现象,就是行政权力远远大于学术权力。我管事的时候,要去找一个人来做院长或系主任都非常困难,他们觉得干这种事情对学术会有妨碍。现在情况不一样了,学者都很愿意当官,因为只有当官才有特权和资源,有自己的项目、经费、场地和人员。这种风气如果延续,学校将来就非常危险。"❶ 这番话说出了高校中行政权力现象的现状。

高校的行政管理部门原本是为教学和科研服务的,我国高校的历史发展决定了高校与政府的关系是依附和服从,因而高校内部在处理学术权力和行政权力的关系上出现了失衡的情况。我国高校的权力结构类型是以行政权力为主导,高校的行政管理部门现在承担的更多职能是管理,甚至是监督,服务职能在逐渐淡化。总体来讲,高校内部的许多事务都由相关的行政职能部门来管理。问题的关键是在权力至上的氛围里,高校内运行的两条轨道——教育和科研并不是按照其固有的规律来运行的,而是听命于行政主管部门。

在以教学科研为主要任务的高校,学术权力是最重要的一

---

❶ 王石川. 反对教育行政化不能只说不做 [N]. 中国青年报,2009-11-13.

项权力。学术权力得到重视的高校,必然拥有一个自由、开放的学术氛围,学术工作者的相关权益能够得到重视和保障,严格履行相关学术标准,让学术腐败消失无形。然而现实的高校管理仍是行政主导学校的各项事务,高校虽然是学术组织,但学术权力早已让位于行政权力。教育管理改革要求我们一定要加强学术权力在高校管理中应发挥的作用,就像我国著名学者朱九思先生所指出的:"大学行政管理的作用丝毫不容忽视,但不能因此就用行政权力代替学术权力。"❶在我国,学术权力不断被行政权力所取代、所弱化,即使在理论上学术权力存在并能够被大家承认,然而实际管理中更多的是行政权力的"越俎代庖"。

(二)高校行政化体制机制强势,学术机构难以发挥作用

我国高等教育管理体制历来都是以行政体制为大,在学校发展和各项决策制定过程中,行政作用起到全面导向和制约作用。第一,管理体制行政化。高校领导完全是由政府部门任命,无论其工作好与坏,学校内部无法对其提出罢免。此外,高校各级别的工作人员多由上级提拔产生,难免会对上级言听计从。第二,管理机制行政化。高校行政人员拥有管理学校日常运行和发展过程中的全部事务的权力。第三,学术权力被架空。我国高校的确存在学术机构,但真实情况是,这些学术机构的组成人员往往是由行政领导兼任。学术活动在行政权力的"指导

---

❶ 伊继东,杨超,刘六生.从失衡到协调:新时期我国高校行政权力与学术权力关系的构建[J].云南师范大学学报(哲学社会科学版),2006(3):6-9.

和支配"下开展。我们很高兴地看到《中华人民共和国高等教育法》对高校自主办学权力的赋予，但我们又不得不感慨这些权力在现实管理中不断被架空，难以落实。

三、内部管理体制机制不健全

（一）内部机构臃肿效率低下

现在高校的内部机构设置要经过上级政府编制管理部门审批，机构总数有限定，人员总数有编制。但有的高校另设机构，机构内自设科室。例如：为了进行一年一次的军训，学校设立一个武装部；为了应对教育部的评估还专门设立了一个"迎评促建办公室"。很多机构的设立都要按照处级建制，而处室下还要设很多科室。这样，一些非常简单的工作职能被人为分割后形成复杂的业务链条，在这个链条上的任何人的缺席都给工作增加了难度和成本。

在一些行政本位和后勤本位强势的高校，还存在因人设岗等问题。有的学校为了引进人才或者为了留住人才，即使一时没有合适的岗位，也会人为给他们设置岗位，动辄就将原来的一个组织机构分出部分职能另建处室，比如硬是要把研究生培养的工作分为学科建设与学位办公室、综合管理办公室、研究生培养处三个处级单位来管理。需要指出的最为关键的问题是这样的机构设置所有的管理工作指向都要一个具体学院落实，如果学院一级的负责研究生培养工作的人员有限的话，那很难应对上面布置下来的任务。正如管理大师彼得·德鲁克（Peter F. Drucker）所说："组织结构必须尽可能包含最少的管理层级，设计最便捷的指挥链。""每增加一个管理层级，组织成员就更难建立共同的方向感和增进彼此了解。"❶

高校实行行政化管理体制，学校内除了有普通教学科研人员之外，还雇用了大量专门的临时性的行政、后勤等人员。这些临时性的行政、后勤人员需要的不仅是工资，还要有相应级别的待遇和办公费用。最关键的是，原来在一线的后勤部门的工人不从事具体的实际工作，现在都走上了管理岗位，负责指派临时工的工作，而临时工一般缺乏相对专业的素质和责任心从而影响工作的顺利开展。其原因是：一方面学校雇用的临时工数量大得惊人，要想把这些临时工纳入有效的管理渠道，确实需要有人来管理；另一方面这也是"后勤本位"所引起的负面效应，一些人认为后勤很重要，后勤不能完全走向社会化，并在后勤工作中推行等级制所致。这样的人力与行政成本，是很多高校最主要的一项开支。近几年，高校不断提高学费标准，意味着它已逐渐带有市场化、社会化经营的色彩。但与此形成鲜明对比的是，高校的行政化管理模式却纹丝未动。在办学经费紧张、办学条件陷于困境的情况下，学校应该把钱花在刀刃上，让有限的资源更好地为教学和科研服务，但庞杂的机构设置和繁冗的人力和行政成本却在严重挤占学校本应重点保障的办学经费，使许多学校捉襟见肘、财力紧张。

---

❶ ［美］彼得·德鲁克.管理的实践［M］.齐若兰，译.北京：机械工业出版社，2006：169.

（二）学生参与学校治理不够

学生之于学校是个什么样的地位？联合国教科文组织为我们提供了如下的解答："把学生视为高等教育关注的焦点和主要力量之一，应当在现有的制度范围内通过适当的组织结构，让学生参与教育革新（包括课程和教学法的改革）和决策。"❶但由于我国一直以来大学教育的国家本位的传统思维定势，学术组织以及学者和学生的合法权益都难以得到应有的重视。大学的发展目标主要是培养人才、传承文化、创新知识，然而计划经济体制影响下的教育管理模式对大学的发展造成了很多难以摆脱的束缚，最终演变为传统大学的集权管理模式。迪特里希·戈尔德施米特（Dietrich Goldschmidt）指出："参与范围不仅扩大到初级教师和科研人员，也扩大到学生和非学术人员中。""在法国和联邦德国，学生在决策机构中都有相当的人数。"❷当然，学生参与管理在这些国家是学生抗议运动的结果，法国1968年爆发的"5月风暴"就是学生不满法国教育体制和学生大学毕业无法就业而引起的。

中国大学生参与学校管理主要是通过学生评教来体现的，在大学内部的管理中如果忽视了对学生权利的重视，在重大决策和日常管理决策过程中就不会站在学生的角度去思考问题，对学生的现实处境和想法的理解就不会到位，一些用以规范学

---

❶ 赵中建.全球教育发展的研究热点——90年代来自联合国教科文组织的报告[M].北京：教育科学出版社，2003：417.

❷ [加]约翰·范德格拉夫.学术权力——七国高等教育管理体制比较[M].王承绪，张维平，徐辉，等译.杭州：浙江教育出版社，1989：179.

生的政策和法规就会在执行层面遇到阻力。社会形势的变动，青年一代，尤其是学生背景的变化，包括学生年龄的下降，极大地影响着高等教育的发展。❶

（三）社会力量参与大学治理缺位

从治理理论来看，社会也是大学的利益相关者，要想发挥利益相关者在治理中的互动和协调，必须要让利益相关者参与到治理过程中来。只有这样，才能在治理过程中顾及各方的利益，体现各方的意志。但我国大学治理中，社会的参与不够甚至缺位。

一是社会参与大学治理缺位。在西方国家，社会参与高校治理是通过董事会的形式进行的。在美国公立高校中，高校董事会成员一部分是根据职务确定的，一般有州长、州教育长、大学校长、大学事务局长。其他董事多数是外行人，在大学职员外的有学识的人中选举产生。❷现在中国大学绝大多数的办学主体是政府，中国大学的行政权力来源于政府，而不是董事会。这样，社会参与大学治理的途径既没有有效的途径，也缺乏一种制度上的设计，治理理论里所强调的多元主体也就因个别主体的缺位而无法形成合力。相较于西方社会，我国由企业家投资成立的大学并不多，加之个人捐赠有限，限制了社会力量的办学规模。因此，学生家长、社会成功人士以及过往校友对于高校发展方面作出贡献的主动性还有待提高。正是因为相对封

---

❶ ［加］约翰·范德格拉夫. 学术权力——七国高等教育管理体制比较［M］. 王承绪，张维平，徐辉，等译. 杭州：浙江教育出版社，1989：180.

❷ 张宝泉. 美、苏、英、德、法高等学校管理比较［M］. 长春：东北师范大学出版社，1998：109.

闭的中国高校的管理模式，使得社会上很多人对于大学的内部管理并不是很了解，导致社会大众指责和埋怨的多，愿意从正面参与到学校治理的少。这种现象既使大学失去了持续发展的外部动力和力量，又使大学失去了一支重要的外部约束和权力制衡的力量。❶二是中介机构参与大学治理缺位。西方国家的教育中介组织比较成熟，在教育质量评估、财政拨款、就业指导等方面具有重大作用。比如美国有高等教育质量委员会，英国有大学基金委员会。这些中介组织在为国家高等教育提供相对公正而准确的评估、测量标准等方面具有很大的优势，并进而可以成为影响政府决策的重要因素；财政中介则调停了高校和政府、社会之间的利益冲突，对高校来说，既能使学校获得政府的财政援助，同时又竭力避免政府直接干预大学事务而造成损失。❷中华人民共和国成立以来，我国高等教育的高度集中的政治管理体制，使高等教育中介机构失去了生存的气候和土壤。改革开放以来，我国政府开始重视教育中介机构的建立。1994年，《〈中国教育改革和发展纲要〉的实施意见》提出："为保证政府职能的转变，使重大决策经过科学的研究和论证，要建立健全社会中介组织，包括教育决策咨询研究机构、高等学校设置和学位评议与咨询机构、教育评估机构、教育考试机构、资格证书机构等，发挥社会各界参与教育决策和管理的作用。"现在社会上已经出现了一批与高等教育有关的中介机构，但这

---

❶ 李军，阳渝.大学治理结构面临的问题及目标模式［J］.高等农业教育，2006（12）：15-18.
❷ 张爱芳.治理视域中的高等教育管理［J］.石油大学学报（社会科学版），2005（4）：99-102.

些中介机构的权威性、合法性、独立性和有效运作能力仍需要一个在实践中得到社会、学校和政府协调、磨合和认可的过程。

第三节 中国高校行政化现象对高等教育的影响

一、对国内学术大环境的影响

中国高校行政化现象对国内学术大环境的影响可以从两个方面来论述。

一方面,由于高校的办学权、管理权、财物支配权以及评价权掌握在政府手中,必然对高校的自身发展产生限制。更具体来说,其一,高校被迫将"配合上级"作为日常工作中最主要的任务;其二,以政府为代表的教育行政机构掌握着高校主要领导的任免权。朱清时说:"我们的学校领导人都是上级任命的官员,靠行政权力治校,下级服从上级。教授没有话语权,只能去迎合权力,或者主动去做官。于是产生了大学不去竞争学术好,而是崇尚权力大、地位高的校园文化,在这种氛围中,学术就萎缩了。"[1] 身处这种环境之中,再杰出的高校管理人员在发挥自主性时也会深深感觉到寸步难行。这样的管理体制下,

---

[1] 朱清时.管理体制变了,教育改革才有希望[N].人民日报,2010-03-18.

高校如何能培养出真正的教育家呢?

另一方面,教育行政化会进一步强化官本位思想。在森严的行政等级制度思想下,学者容易受到行政权力的左右和吸引,将精力放在对行政权力的迎合与追逐上,高校中不同程度地存在"学者谋官、官谋学术"的现象。❶ 学术能力才是真正的价值判断标准,然而不可否认,在"官本位"这种错误的价值判断标准的影响下,高校难免出现大量的"劣质成果"。这些"成果"不仅没有教育价值和学术价值,其对社会也是无用的,因为它的出现仅仅是为了应付评估。如此一来,高校必将面临这样的一组矛盾:大力宣传、倡导教育规律及信念的重要性是必要的,实际上却无法坚持这种信念,也无法遵循这样的规律,往往口号上说一套,实际上却是做着另一套。

二、对校内风气的影响

校风对一所高校的办学影响是极为重要的,因为它所体现的是整个学校从领导到员工以至于全体学生所认同和体现的一种集体风气。由于学校的学术机构日渐失去其本该拥有的主导地位,行政人员代替学术人员成为高校管理实际的核心,如此高校学术科研便很难按照自身的意愿去发展。掌管高校绝大部分权力的行政人员是高校现实管理中的真正决策者,也是真正的管理者,甚至是掌握学术发展方向,掌管学术评审、掌控学术资助的最终权力人,这就不难理解高校权力寻租现象的产生。

---

❶ 李培根. 如何改变高校行政化管理倾向[N]. 中国教育报,2010-03-29.

同时，由于高校采用行政管理模式，因此受到该模式的影响，高校会将目光由学术成绩的取得转移到政绩的建设上。无论是教师评聘还是年度考核，其标准多为论文发表数量、主持的课题级别及数量、所申请的专利数量和为学校争取的国家经费数量等。这样的评价标准是与学术的本原相背离的。然而不可否认，有的教师为了求生存、求发展会做出一些违背教师职业道德、违背学术道德的事，有的是学术造假，有的是走下学坛入政坛，这些现象严重制约了高校内部教师队伍发展建设的科学性和可持续性。

三、对高校管理的影响

"校—院（处）—系—室"四层管理是我国公立高校延续至今并且普遍实行的管理模式，各层级人员安排由上至下呈金字塔状。这样的组织机构虽然层级清晰，但难免使机构过于膨胀。拿典型的高校领导班子来说：20世纪80年代初，普通高校校领导有7个左右，包括党委书记、校长、党委副书记和几个副校长。随着社会经济和高等教育的不断发展以及社会大众对就读高等教育的重视性的增强，大学规模不断扩张。不得不指出的是，当代大学的扩张将过多的精力放在内部的行政权力上，高校领导班子人数也随着招生规模的扩大而扩大，一般情况下高校领导班子的组成人员都多达10人以上。事实上，我们虽然拥有许多不同层级的领导干部，但是办事效率不见提高，很多时候甚至会阻碍事情的顺利进行。而且，行政人员数量的增加以及行政机构的增多必然会导致费用的增多,这其中有行政组织的办公经费,还有行政人员的薪水。总的来说,高校管理的行政化模式难以适应时代的要求。

四、对教学质量的影响

"为什么我们的学校总是培养不出杰出人才?"这是钱学森先生向教育界全体学者抛出的、足以令整个教育界反省的问题。2005年,时任国务院总理温家宝看望钱学森先生时,钱学森先生感慨,现在中国没有完全发展起来,一个重要原因是没有一所大学能够按照培养科学技术发明创造人才的模式去办学,没有属于自己的独特的创新的东西,老是"冒"不出杰出人才。从钱老的感慨中我们能看到其实质终究是对高校行政化问题的批判。知识的创造需要发散创新的思维,学术的发展需要民主自由的氛围。对高校管理权力的严抓严把只会对我国的学术发展的知识创新产生限制,这样自然不会培养出真正杰出的人才。如此说来,著名的"钱学森之问"也就不难回答了。

第五章　高等教育发展与去行政化

《教育部关于2013年深化教育领域综合改革的意见》提出：高举中国特色社会主义伟大旗帜，深入学习贯彻党的十八大精神，以邓小平理论、"三个代表"重要思想、科学发展观为指导，全面落实教育规划纲要，以加快推进教育现代化、努力办好人民满意的教育为目标，以破解制约教育科学发展的关键领域和薄弱环节为突破口，以加快转变教育发展方式、完善推进教育改革的体制机制为着力点，不失时机深化教育领域综合改革。在改革办学体制方面，其中提出了落实高校办学自主权。进一步减少和规范政府对高校的行政审批，减少行政干预。加快大学章程建设，理顺大学、政府和社会的关系，规范高校办学行为。2013年，所有试点高校都要制定章程，扩大公开选拔大学校长试点。在改革管理体制方面，其中提出了完善高校治理结构。加强高校教职工代表大会、学术委员会等相关机构建设，完善决策程序，规范高校内部权力运行，推进科学民主决策。全面落实校务公开，建立社会参与和监督高校办学的有效机制，加快形成高校自我发展、自我约束的良性机制。这一系列改革措施可以给高校发展创造良好的外部和内部环境。

第一节　建立新型政校关系，落实高校办学自主权

简政放权，落实高校办学自主权，应转变政府职能，重新定位政府与高校之间的关系。当务之急就是要切实转变政府职能，将"划桨"变为"掌舵"，政府不再单一地干预高校的内部事务，而是应该为其出谋划策，解决高校难题。理顺政校关系，积极探索高校依法自主办学的途径。

结合我国实际，公办高校的性质或属性与国家设立的办事机关的属性是不能一概而论的，这主要表现在我国公办大学的公共性和自主性上。公共性的主要体现就是我国大部分的公办高校的资金投入来源是政府，因此，它的日常运行必然受到政府这样或是那样的制约。自主性则要求高校要把开展学术研究、独立科研创新作为办学的要义和基本要求，因此就出现了一对矛盾。"就大学要求对教育事务拥有学校自治权和政府有义务维护公众利益而言，该采用什么样的指导原则才可能调和这二者之间的关系……这是一项艰巨的任务。"[1] "当今中国面临的最大挑战是来自实行市场经济的必要性与落实市场经济的社会

---

[1] 谢延龙. 大学理念与我国高等教育管理体制改革［J］. 江苏大学学报（高教研究版），2004（4）：103-106.

政治条件的缺乏之间所构成的紧张关系所形成的挑战,或者说,是构建市场经济所必不可少的有限政府,实现由与计划经济相适应的无限政府向与市场经济相适应的有限政府的变革。"❶《国家中长期教育改革和发展规划纲要(2010—2020年)》指出,"落实和扩大学校办学自主权。政府及其部门要树立服务意识,改进管理方式,完善监管机制,减少和规范对学校的行政审批事项,依法保障学校充分行使办学自主权和承担相应责任"。在对政府与高校的关系进行调整过程中,重点是协调好行政控制与自主办学的关系,关键是不能出现"一放就乱,一抓就死"的不良现象。政府应该本着办好教育、支持高校办好教育、服务高校办好教育的宗旨,真抓实干,理论联系实际,一切从实际出发,实事求是,在政府对高等教育的具体调控过程中尽可能减少和削弱对高校的行政干预的有关工作,政府要做到由"管理型"向"服务型"的转变。

一、明确政府与高校的各自职能,减少政府行政干预

《国家中长期教育改革和发展规划纲要(2010—2020年)》指出,"转变政府教育管理职能。各级政府要切实履行统筹规划、政策引导、监督管理和提供公共教育服务的职责……改变直接管理学校的单一方式,综合应用立法、拨款、规划、信息服务、政策指导和必要的行政措施,减少不必要的行政干预"。要减

---

❶ 张华.教学设计研究:百年回顾与前瞻[J].教育科学,2000(4):25-29.

少政府对高校的干预,首要的要求是明确政府与高校的各自职能界限。要实行清单管理,明晰政府职责权限,以立法的形式对政府行政权力进行规制。无论是清单编制,还是清单实施,都要体现"放管服"的要求,科学划分政府与高校的权责边界,使政府部门依照清单履职尽责,从而对政府权力形成有效的法治规制,进而推动高校办学管理由"行政权力主导型"方式向以法治为保障的"教育规律主导型"方式转变。❶

在当前政治、经济、文化教育发展的大环境下,政府要做好相关工作的重点应该是解放思想,与时俱进,同时,政府应该做到从传统的集权管理模式中走出来。要强化政府监管效能,保障高等教育系统正常运转。缩小政府办学的管理领域,淡化对高校内部事务的直接干预,应是当前教育部门思考的问题,要逐渐改变管办不分的教育干预模式,该放的权限要逐渐交给高校自身,将职能主要定位于"管",进行宏观的外部调控和指导。当然,为防止"一放就乱"的局面,应逐步建立和完善高校评估和监督机制,建立健全教学质量保障体系等。❷评估指标和方法要具有针对性,要结合学校的实际情况制订。按照放管结合的要求,应更新监管理念,创新监管方式,采用随机检查、联合检查、行业自律等监管方式,更多采用提醒、警示、约谈等简约管理方法。同时对高校的各种违法违规行为要加大惩治力度,使监管更有成效。要优化政府服务,为高校提供便

---

❶ 陈学飞.高校去行政化:关键在政府[J].探索与争鸣,2010(9):63-67.
❷ 赵玉娴.高校管理去行政化过程中的政府角色[J].黑河学院学报,2017(4):81-82.

利的办学环境。政府有关部门应更好地履行服务职能,提高对高校办学资源的供给水平,包括基础设施建设、信息共享机制、人才引进和培育等方面,不断提升服务效能。在基金支持方面,教育主管部门应该结合各高校的办学水平以及办学特色,有针对性地进行教育款项的分配。

周川先生认为,政府对高校的治理以及管理,不应该把重点放在学校内部的动作过程或者是环节上,更不应放在高校内部的日常事务上,重点应该放在外部的宏观关系上,放在高等教育事业的方向和质量标准上。政府对高校的管理的主要职能应体现在:一是要做好规划与立法的相关工作;二是要做好拨款与筹款的相关工作;三是评估与监督;四是有关制定各级各类高校的设置基准的工作必须做好,做到严格审批新建高校;五是有关制定高校干部任免标准的工作务必做好。❶喻岳青先生认为,政府对高等教育全面管理的综合职能就是调控和服务,其作用应该要在五个方面体现出来:一是制定教育标准;二是保证教育质量;三是促进教育发展;四是规范教育活动的行为;五是做好相关的教育服务工作。❷在此基础上,我们得到的启发是:政府对高校的管理,具体到高校内部的管理细节的这种做法是不正确的,而对高校实施宏观调控才是正确的做法。这种调控主要包括:第一,要建立健全各项制度法规体系,做到有法可依、有法必依;第二,把握好教育拨款权使用的灵活度,

---

❶ 周川.高校与政府关系的几点思考[J].高等教育研究,1995(1):33-36.
❷ 喻岳青.政府对高等教育宏观管理的职能:调控与服务[J].辽宁高等教育研究,1995(6):17-19.

满足高校发展之所急，服务高校发展之所需；第三，做好高校发展规划，合理控制各高校的规模、质量，决定是否新建高校等；第四，要做好评估及监督工作，明确党委书记和校长的任免、组织构成及对高校各种项目进行评估与监督等。虽然从直接管理向间接干预转变是必然的发展方向，但这仍然需要在渐进过程中不断完善二者之间的关系。

二、逐步弱化高校行政权力，取消高校行政级别

当我们开始广泛地讨论涉及高校外部和内部、微观和宏观层面的高校行政化问题时，我国国内各级各地的高校实际存在的行政级别问题也成了社会讨论的核心。这些讨论可概括为：高校和政府机关类似，被划分成了不同的行政级别，而在不同的级别和层次以及具有不同行业性质的高校内部行政管理的主要行政管理人员也被相应地赋予了副科长、科长、副处长、处长、副部级等级别，像这种不应该存在的"官本位"的层级管理必然会制约高等教育的发展。知名教育评论学者熊丙奇提出："取消行政级别，是高等教育体制改革无法绕开的第一步。如果仍旧用行政级别去套大学，那么，'去官化''去行政化'就可能成为一句空话。"[1] 天津大学原校长龚克则表达了他的担忧："目前社会上有一个很清楚的官僚体系，高校里若没有明确的行政级别，就不知道该和谁对话，甚至连厅局长都可能不愿见

---

[1] 熊丙奇.四问南方科技大学去行政化［N］.南方都市报，2009-09-17.

没有行政级别的教授，令你事难办。"❶

导致行政化的根本原因并不是行政级别本身，行政级别的高低在某种意义和层面与行政化之间不存在正比关系：一方面，改革前我国高度集权体制是导致行政级别的一种客观因素，政府的行政级别在某些因素影响下扩散到各社会企事业单位，各高校也不例外；另一方面，各高校本身拥有一定的行政级别在某种意义和层面上有利于工作开展。以"985"高校为例，当初确定"985"高校为副部级，目的在于在一定意义和层面上使这些高校的规模、地位、作用与其他高校有所区别。省委常委、副省长经常是这些高校要打交道的对象，行政级别提高，才能符合传统的交往职位对等和门当户对心理，达到让地方政府进一步重视的效果，可以使这些学校在地方上与政府沟通时比较顺畅，使政府在协调工作方面给高校提供方便，从而使高校得到更好的发展。因此，需要理性看待高校的行政级别。我们要清楚的是，我们所说的去行政化的重点是因为"化"的程度过高而要减少和消除，并不是要去除正常的行政，更不是要把高校从国家行政管理的系统中完全剔除，或是简单理解为取消高校内部的行政称谓与科级、处级这样的层次等级，这不是解决问题的根本。正如国家教育发展研究中心教育体制改革研究室原副主任王烽所说的，高校"去行政化"的问题不是简单地取消行政级别，或者改变一种制度就可以解决的。❷

从组织性质上说，高校是学术性质组织，不应该用行政级

---

❶ 龚克，秦勇. 高校去行政化的路径选择[J]. 学理论，2012（34）：222-223.
❷ 许青云. 论高校的"行政化"与"去行政化"[J]. 天中学刊，2011（1）：65-67.

别来定义和衡量，从高校发展的长远看，的确需要取消大学的行政级别，但是从另一个角度来说，我们又必须依据中国的高等教育所处的实际情况，充分考虑政治、经济、社会环境、文化传统等方面的影响，选择适当的方式，抓住适当时机，适时进行去行政化工作，有计划、有步骤地分步实施。因此，取消行政级别的关键是转变人们思想深处的等级观念意识，确立新的符合高等教育发展规律的管理观念与制度，这才是去行政化的难点所在。我们要通过不懈的努力，下定决心，把握时机，用适切的制度保障高校与社会现实对接，使高校与政府之间的协调、高校与社会之间的沟通以及高校与高校之间的交流，更多地依赖于高校的综合实力，行政级别将不再作为交流实现的唯一依靠；依赖高校工作者的个人声望，声望的高低应取决于能力大小，而不是官职高低；依赖国家和社会对教育的重视和尊重程度。在此基础上，高校再随着社会环境的变化逐步取消行政级别。

三、切实保障高校自主办学权力

在调查走访一些在高等学校行政部门工作过或者正在工作的相关行政及学术人员之后，我们发现，无论是管理者还是专家学者都希望上级主管部门给予高校更多的自主权，包括招生、办学、专业设置、学位授予、经费管理、副校长及以下领导职务聘任等方面的自主权等。

在随机的调查走访中也有这样的发现，高校工作者们呼声

第五章　高等教育发展与去行政化

最高的要求就是自己能获得更多办学自主权，主要是专业设置权和招生权。目前，在我国，除了几个试点的高等院校或是职业高等院校以外，其余相关高校的专业设置权基本上都是由上级教育主管部门统一掌握的，虽然近一段时期高校专业设置权已经相对放宽，比如设置目录外专业可以由高校自己确定，但必须经由教育部审批备案。早在2002年，北大、清华等6所试点高校，在经过教育部审批同意之后，能够做到本科专业的自主设置，将专业设置权归还高校。事实证明，试点初期出现少数比较盲目的情况，但在一定意义上和层面上市场的信号还是能够全面地、迅速地以及科学地反馈回到高校的，这样高校就可以及时应对，作出必要的调整。而且我们必须了解的是，即使我们所研究的要素因子经过政府的严密审批，在某些情况下也无法完全规避高校存在办学质量差以及专业设置盲目性的问题。因此，在一定范围和领域，将专业设置权还给高校，是我们应对此类情况最主要的措施。教育主管部门应该定期进行专业评估，发挥其监督监管作用，定期公布市场需求信息等，实现资源的最佳配置。招生权的落实难度则会更大，相比较时间也会更长。在这方面，我国于2003年也进行了尝试性的改革和试点工作，当然也收到了一定的效果。

从高校发展和服务经济社会发展建设角度来说，高校获得了一定的专业设置权，而这样做的好处就是能根据自身内部的条件和社会的需求来设置受欢迎的以及具有自己特色的专业和课程，也只有这样才能更好地实现合理配置高校自身以及社会、政府提供给高校的各种资源，这样才更有利于实现高等教育的健康、长远发展的目标。专业设置权和招生权是高校最基本的办学权力，也是高校是否能够自主办学的重要标志，要想给高校自主权，还自由于高校，那么改革发展的关键在于政府放权，只有让政府放心、放手，才能让高校顺利走出集权管理模式。

第二节 构建新型高校法人治理结构，引入高校理事会制度

《国务院办公厅关于印发分类推进事业单位改革配套文件的通知》中，《关于创新事业单位机构编制管理的意见》明确提出：按照政事分开、管办分离的有关要求和原则，我国各级各地区的事业单位，特别是其中面向社会提供公益服务的，要积极探索管办分离的行之有效的实现途径。保证事业单位的法人自主权，充分发挥我国各级各地区的事业单位行政人员的工作积极性，并且保证其能够独立自主开展活动，能够依法独立地作出决策并承担责任。《关于建立和完善事业单位法人治理结构的意见》提出：坚持解放思想，着力创新事业单位管理体制和运行机制；坚持政事分开和管办分离，落实事业单位法人自主权；坚持强化事业单位的公益属性，加强对事业单位的监管；坚持从实际出发，试点先行；坚持正确的政治方向和党管干部的原则，加强和改善党对事业单位的领导。在文件的主要内容部分提出了"面向社会提供公益服务的事业单位要探索建立和完善法人

治理结构"。这里所提到的面向社会提供公益服务的事业单位就包括普通高校。

国家提出了改革的总体要求:我们应该把以决策层及其领导下的管理层作为主要构架,建立和完善事业单位法人治理结构,要把以上这种结构作为政府职能实现合理高效转变、事业单位体制机制实现新的进一步的深化创新的重要内容,同样我们也可以把这种结构改革作为实现管和办分开的重要方式。在这里还需要引起我们深刻注意的就是决策层的具体管理职能。决策层的具体管理职能主要是行政主管部门对事业单位的日常事务等方面的管理,同时也包括激发事业单位改革发展的活力,要保证决策层的决策地位,扩大参与决策的人员范围、监督范围以及能力要求,进一步规范事业单位的行为,坚持不懈、毫不动摇地确保公益目标的落实和实现。

一、构建新型高校法人治理结构,体现所有权与经营权分离

(一)按照所有权与管理权分离的原则,完善外部治理结构

《中华人民共和国高等教育法》第三十条规定:"高等学校自批准设立之日起取得法人资格。高等学校的校长为高等学校的法定代表人。"在我国相关的法律法规中,既然把学校看作法人,就需要重新构建政府与学校的各种类别的法律关系和

契约属性，打破传统的行政隶属关系，并且这些做法都是建立在根据所有权与经营权分离的原则之上的。因此，要求政府与学校分开，必须把高校外部法人治理结构的重建工作做好、落到实处。但是以上这一系列的举措并不意味着政府与高校之间就没有任何关联和交往了。国家各高等学府或者各级职业高等院校的所有权和学校经营管理权是分开的，政府依然代表国家对高校持有所有权。在这里，我们需要清楚认识到的是，政府代表国家作为委托方把办学职能委托给了各高校，由高校独立承担由此所带来的责任和义务，而政府需要扮演的则是投资者和监管者的作用，依法对高校进行监管，这种管理主要是看高校是否按国家相关的教育法律、法规办学，对违反法规办学的学校按情节轻重予以处罚，但不会干涉学校内部的办学事务。

虽然我国教育法、高等教育法等法律法规对高校的一些必要性的活动和行为作出了一定的规范，但是其中的法条所涉及的层面太大，表述不够具体，缺乏具体的、细致的治理机制和制度规范，制度的依照性和可执行性还不够清晰，这就对我国高等院校的管理造成一定的阻碍。因此，我国应当兼收并蓄发达国家先进的高等教育管理实践经验，一切从实际出发，实事求是，完善我国现有的立法，新的法律法规也可以在必要的时候进行制定和出台，务必全面、细致地对高校法人的概念、定位以及管理治理体系等问题进行科学而成熟、细致而明确的规范，只有这样，才能为高校建立完整的管理体系提供可靠而坚实的法律保障和制度基础。

第五章 高等教育发展与去行政化

（二）以依法行政为原则，完善内部治理结构

由党委领导的校长负责制一直是我们所倡导的和坚持的高校治理的核心机制。在建设有中国特色的高等院校办学体制、运行机制的长远规划中，最重要环节就是不断地完善高校治理结构。我国与其他资本主义国家所不同的是，我国是一个社会主义性质的国家，国家的建设需要维护及坚持党的领导，而这也恰恰是两种社会性质的本质区别。在我国，高等教育制度的本质特征就是要坚持党的领导，同时这也是我国建设具有中国特色现代大学制度的精髓。在这种理念的指引下，首先要明确的是，我们必须要在党委的领导下，才能开展大学治理体制及系统的结构层面的完善工作，同时，在涉及高校的重要问题以及重大事项的决策中，绝对的决策权及监督权毫无疑问是归学校党委的，即必须坚持在高校治理中充分体现"党委领导是核心"的这一重要指南。其次，为了使校长能够有效地行使其在高校的管理职能，要让校长作为学校决策者和决策执行者这样的双重角色的作用得到充分发挥，必须坚持在高校治理中把握住"校长负责制是关键"这一原则。最后，由于衡量一所高校学术水平的高低是以教授作为衡量标准的，因此，教授应当在高校中享有最高的学术权力，高校可以行使服务社会、培养人才以及开展学术研究等职能，而这些职能的内在要求恰恰体现为教授治学这一标准，为此高校治理必须坚持"教授治学是根本"这一原则。由此可以知道，高校若想完善其内部的治理结构，必须要处理好党委领导、校长负责和教授治学三方面的关系，而

这一点也正是高校法人治理得以实现的重点、难点和关键所在。第二点是，要想为高校治理提供制度保障，就必须坚持依法治校，加强高校章程、制度规约建设。依法治校、依法治教是建设现代大学制度的根本保障，依法治国基本方略在高校建设的集中体现也恰恰是依法治校和依法治教。高校内部的基本法，也就是内部治理活动的保障和基本依据，是高校章程、制度和规约。高校章程依据法律的要求，详细地规定了高校的投资主体、机构设置、人员选任、决策程序、执行程序、管理制度以及监督程序等方面的内容和规范，同时学校党委、校长和教授的职权也在其中得到了一定的协调、调整和规范。高校通过制定和修改章程，保证高校健康发展，使治理活动得以有序地开展。第三点是，坚持共同参与原则，健全利益相关人参与机制，实现共同治理。引入共同治理理论，为建立高校法人治理结构提供了可能性和可行性基础。来源于企业管理理论的共同治理理论，指的是企业的治理活动需要各方利益相关人的参与。我国高校作为公共组织，政府（举办人）、教师、学生及家长、用人单位、校友、捐资者、合作单位等，都是高校的利益相关人。这些相关组织或个人的切身利益与学校办得如何具有非常紧密的关系。所以，在高校的不同机构中，我们需要吸收这些组织机构或个人中的代表参与到学校的共同治理当中，有的可以进入到高校的最高权力机构，有的可以进入到高校的监督机构，这对高校的科学决策以及决策执行的监督都是有利的。只有依托多元利益主体建立起公共治理机制才能保证学校的科学发展。

二、加强高校章程建设，巩固高校的制度载体

加强学校章程建设是《国家中长期教育改革和发展规划纲要（2010—2020年）》在完善中国特色现代大学制度部分提出的一项重要任务。根据教育部《高等学校章程制定暂行办法》（以下简称《办法》）规定，高等学校制定章程应当以中国特色社会主义理论为指导，以宪法、法律为依据，坚持社会主义办学方向，应当遵循高等教育规律，推进高校科学发展。高校应当围绕人才培养、科学研究、服务社会以及推进文化传承创新的任务，依法完善内部法人治理结构，要体现和保护高校改革创新的成功经验与制度成果，做到完善高校独立自主、充分民主的自我约束体制和机制，反映高校的办学特色。高校的举办者、主管教育行政部门应当按照政校分开、管办分离的原则，通过章程界定政府与高校的关系，明确高校的发展原则与发展方向，落实举办者权利义务，保障高校的办学自主权。《办法》的理念和宗旨如何在实践中得以反映，如何使大学章程建设真正推动大学治理体制机制的改革，关键在于实践和高校依据《办法》健全完善章程的积极性与主动性。

（一）通过章程建设，将高校发展推向一个新高度

新的章程建设是以落实《国家中长期教育改革和发展规划纲要（2010—2020年）》为出发点，其具体举措可以总结归纳为以下几个方面。首先，要从新的层面和高度做到统一认识。

章程制定的主体是高校，所以一定要善于把握契机，开展围绕章程建设的学校内部管理体系以及体制机制改革的学习和讨论，在一个新的高度和层面上统一思想，提高各方面参与章程建设的积极性和自觉性。深入分析目前学校在章程建设方面存在的问题，明确章程建设的方向、程序与发展时间表，尽快启动章程制定工作。已经制定了章程制度规约的高校，要根据实际重新修订现有章程，修订后尽快申请再次核准。其次，要使政府上下各主管部门的认识达到统一，推动高校章程建设。政府要支持高校的章程制定工作。最后，要使社会各方面的认识达到统一，积极支持高校依据章程实施独立、自主以及民主的管理，努力在社会上形成有利于推进高校办学体制机制改革的舆论氛围。

（二）以适当方式、合理路径推进章程制度建设

要全面计划、综合部署，有计划地分类指导、有计划地试点推进高校章程的建设。首先，教育行政主管部门要根据高校的组织特点，提出具体可行的指导意见，根据相关规定，为高校积极进行自主创新提供更好的条件。其次，要选择适当的、具有改革意识的高校作为试点，试点高校在制定章程过程中需要教育主管部门积极参与，把高校办学自由民主权力落实在章程里。人才招录、人才培养等各方面是国内高校自主权试点改革的重点、难点问题，也要在章程中有明确具体的意见。进行试点的高校要承担起改革探索的责任，在制度建设中的实践经验都要有所总结，进一步加以整合、完善和提升党委领导下的

校长负责制,建立和完善教授治学和学术创新体制,还应完善校院两级管理体制、推进校内大部制改革、创新基层学术组织等。

（三）以完善学校法人治理结构为重点和难点推进大学章程建设

高校是有特定职能和组织属性的法人组织,所以必须要在章程中予以反映的是作为法人的独立的意志和治理机制。因此,高校的章程建设应当反映内部治理结构的核心内容,主要集中在三个方面：首先,制度化地确立和不断完善党委领导下的校长负责制议事规则。在章程中构建党政会议体系制度,全面地明确党委会、校长办公会是党委、校长履行职责职权的载体和重要形式,充分准确地明晰两个会议的定位、规则及议事范围,规范执行党委领导下的校长负责制。其次,要建立起以学术委员会为核心的学术管理机制。教授治学才能确保学校创造卓越。学术活动本来就应该有教授们的广泛参与,因为他们对高深的学问了解熟悉,他们最有资格决定应该设置的科目以及人才培养方案。更显而易见的是,教师比其他人更清楚谁最有资格成为教授。因此,章程要体现学校特色,就要确保学术权力独立运行,保证在学术自由方面提供制度保障,为教授治学的真正实现提供现实环境保障。另外,应该充分发挥教授在教学、科研和高校管理中的作用。最后,要积极探索成立理事会、董事会制度。在章程中明确理事会（董事会）创办的依据和性质、宗旨和目标、组织和结构、权利和义务等内容,形成管理科学高超、责权明确明晰、利益平衡制约、民主监督严格的科学管理综合体系,做好扩大理事会的职能的相关工作,使理事会的作用得到最大限度的发挥。

(四)做好推进章程建设与深化依法治教、依法治校和依法行政的紧密结合工作

高校在组织开展章程建设的同时,要根据学校发展需要对学校现有的规章、规约和制度进行修改和完善,对需要新建立的制度要及时制订,积极完善内部决策、管理及监督机制,为高校科学发展、合理发展保驾护航。通过推进高校内部治理结构体系的系统化改革,健全师生权利保障机制,落实民主监督制度,形成以章程建设为出发点和落脚点的内部管理体制,推动高校的整体改革,实现依法治教、依法治校,共建和谐校园的美好局面。

综上所述,加强大学章程建设是我国高等教育向前发展并取得重大突破所必须重视和加强的重要方面。只有做好以上几方面的工作,才能使高校去行政化改革的相关工作落到实处。

三、实施高校理事会制度,引入社会力量多元参与高校管理

高校要改变行政化现状,就要做到决策、执行和监督相对分离。党委领导下的校长负责制确保了高校的政治导向,但难免造成管理中一味的"对上负责",那么就需要围绕学校实现科学管理进行相关的改革工作。一方面,在高校内部建立起党

委领导下的理事会负责制度。党委班子主要成员可以由国家教育行政主管部门选派,然后由教师和学生代表依法选举产生。另一方面,把大学理事会作为高校内部最高行政决策机构,保障高校治理的科学化。理事会主席可由党委书记兼任,其他理事可由政府、高校、资助单位、教师、学生、家长和其他有关方面的代表组成。代表政府部门和资助单位的理事一般以委派方式产生,教师、学生、家长等其他理事原则上推选产生,高校的行政负责人及其他有关职位的负责人可以确定为当然理事。理事会负责发展规划、财务预决算、重大事项、章程制定和修订等决策事宜,按照规定履行人事管理方面的职责,并监督本单位的运行。要明确理事的权利义务,建立理事责任追究机制。也可探索单独设立监事会,负责监督高校的财务和理事、管理层人员履行职责的情况。大学校长由理事会推荐选举产生,也可在理事会的组织下面向全社会招聘遴选。校长要向大学理事会负责,而理事会成员的构成特点决定了大学校长要向党、政府、教职工、学生、社会等所有与高校利益相关的群体负责,由于理事会成员所代表的利益群体涵盖面广,因此理事会的决策也更能体现学校治理的民主性、科学性。

目前,由于制度环境和法律环境没有根本的转变,中国高校理事会没有明确的法律地位,更不参与高校治理。随着高等教育发展步入新的阶段,政府不再能够包办大学的全部事务,扩大社会参与大学治理已经刻不容缓。❶我国政治经济社会发展

---

❶ 刘承波.中国公立高校治理中的社会参与[J].大学教育科学,2008(5):121-123.

实际和高等教育的科学发展需要社会多方参与高校治理，需要理事会或类似于理事会的实体机构对大学运行进行监管，对大学校长履行职责给予监督，倡导大学的社会责任。《国家中长期教育改革和发展规划纲要（2010—2020年）》提出："扩大社会合作。探索建立高等学校理事会或董事会，健全社会支持和监督学校发展的长效机制。"实施理事会制度，可先试点尝试，在借鉴国际通行做法的基础上，找出适合我国国情、符合中国特色的理事会制度。

第三节　改变高校校长的产生方式，走校长职业化道路

我国的大学校长是由政府任命的，所以大学校长需要对政府负责，而不是对学校负责。另外，担任校长是非竞争性的，对任职的大学校长是否能够胜任其职位是很难定论的。校长在高校发展中是极其重要的因素，校长是高校的最主要的领导者、管理者、中流砥柱，是一所高校在其漫漫求索发展之路上的核心和灵魂。校长的选拔成功与否与高校的办学效果有直接而紧密的关系，一所有成就的大学跟高校拥有优秀的校长紧密相关。统揽古今中外高等教育史，绝对不缺少的就是出色的大学校长，如民国时期北大的校长、著名的教育家蔡元培，掀起了一场影响深远、牵动时局的教育改革，使北大有了今天的繁盛。在国外，

牛津、剑桥等大学能够取得如此举世瞩目的成就，除办学理念先进和历史传统优良以外，优秀的大学校长也是必不可少的要素。每所著名大学发展的背后一定有一位或几位杰出的校长，一所高校的发展史就是校长履职的历史。所以高校改革的出发点和落脚点必然是选拔校长，中国高校要去行政化，首先就是改革大学校长的产生方式，只有这样，才有可能独立、自主地选拔出具有崇高教育情怀和杰出教育素养的大学校长。

一、实行公开选拔和聘任制

由大学的董事会、理事会或教师全体会议决定选拔大学校长，或者根据大学校长任职期间的表现决定校长继续任用还是免除职务，是现代大学制度构成非常关键的部分。在我国，目前对大学校长选拔的主要办法就是政府任命制。基本程序是：上级组织部门派人到学校调查摸底，在一定范围内通过个别谈话或者问卷的方式进行民意测验，确定校长和副校长的人选，然后由相当级别的组织部门进行任命。个别的校长产生方式也有采取政府组织部门直接任命的做法，这种做法通常也被称为"空降"。这两种产生校长的方式，无论是任用手段还是对校长任职形式、任期、待遇的规定，都与干部的选任办法相同。《国家中长期教育改革和发展规划纲要（2010—2020年）》提出了高校去行政化以后，社会各界的呼声越来越高，尤其是对取消大学校长的行政级别赞同者居多。高校去行政化是一个系统而任重道远的工程和任务，需要从思想认识、制度设计等多个方面入手进行改革和创新。同时也需要结合我国高校的实际，以校长作为高校领导的核心，并将高校去行政化改革的突破口落在高校相关人事制度改革上。近几年，不少专家和学者呼吁改革大学校长选拔机制，实行公开选拔和聘任制。目前，由于高校校长的产生是由政府任命，对政府负责，校长被赋予了一定的行政级别，享受相应的待遇，如果不做好相关的配套改革工作，将会在一定程度上助长行政化风气，而且校长在某种意义上极有可能成为行政化的推波助澜者，所以不可能由校长主动掀起去行政化的改革浪潮，应该确立新认识，让校长成为被动的改革对象，建立由大学的理事会或教师全体会议选拔德才兼备校长的机制。

高校校长的选拔，应该由理事会或教师全体会议来负责，由学校的专家教授、人大代表、政府部门人员、知名校友、社会知名人士、学生代表等组成遴选委员会，制定明确的选拔校长标准，包括校长的任职期限、学历和学术水平，校长应该承担的职责，对校长的定期考核等方面的内容。同时要面向全社会公开招聘，实行民主、公开的在理事会领导下的学校自主遴选制。根据选拔标准和应聘人员的具体情况，通过资格审查和初步的筛选，再按照既定的考核程序，比如要通过笔试、面试甚至竞职演说等环节，校长遴选委员会严格把关，最终确定校长人选，后经过理事会将确定人选正式聘任为某高校校长，报主管部门备案。

二、实现高校校长职业化

所谓校长职业化就是校长要把学校管理作为自己的专职工作，成为"全职校长"，强调的是校长要把自身职责作为终生事业，其职业态度、专业素养等达到最优，在选拔校长人选时严格按照校长的选用标准和聘任程序进行。这里要重点强调说明的是校长职业化是一个渐进式的不断向纵深发展的过程。

校长职业化明显区别于传统说法上的校长职务化，校长职务化概念是计划经济时代的产物，高校领导完全由上级行政部门委派，校长的主要工作目标是完成上级单位赋予的责任，侧重领导行事风格，缺乏管理经营观念，极其容易导致行政官僚化，所以任其发展、顺其发展下去必然会导致高校的管理效率低下。为了提高高校的管理效率，就需要从根本上改变行政权力独大的"官本位"思想倾向，建立起科学合理的校长选任机制，走校长职业化道路，从而提高高校的办学水平。

校长职业化在发达国家和地区的渊源很深，比如美、英、法等国。在美国，大学校长没有固定的任期。干得不好，董事会可以随时对其免职；干得好，只要董事会满意，校长就可以不受任职年限的限制无限期连任。在哈佛大学发展历史上，有一位世界闻名的校长艾略特（Eliot），他从1869年到1909年的40年时间里，一直担任哈佛大学校长。校长在高校"主政"时间长，其治校理念就能长期发展和延续，这样有利于高校特色和风格的形成，从而形成大学品牌。为了让校长更好地履行职责，校长的主要精力应用于演讲、公共集会、接待来访等社交工作，校长基本不参与学术活动。美国大学校长体现了市场经济杠杆在美国高等教育管理系统中的作用，印证了伯顿·克拉克（Burton R.Clark）之言："美国的高等教育系统几乎完全是一种相互之间自由竞争的市场。"❶

在中国，校长职业化是比较新的课题，以2009年9月朱清时被聘为南方科技大学校长为标志，我国也开始了高校校长职业化改革的尝试。就目前我国高等教育所处的国家经济社会发展的大环境和高等教育改革发展实际情况看，走校长职业化道路，需要政府、社会各界给予强力支持。首先，要有政府的认可，允许高校面向全社会甚至全世界公开自主招聘校长，从校长招聘开始就把办学自主权还给高校，政府不再干预高校内部事务。从政府角度看，需要通过高等教育体制改革取消大学校长的行政级别并支持高校内部取消科层制管理模式。其次，通过积极制定出台新的配套的法律制度，为校长的福利待遇和聘任等提供法律保障，使校长职业化实现制度化、程序化、法律化。最后，通过公选，把那些热心于教育事业，愿意为教育事业贡献力量，专业素质高、道德品质优、工作能力强的德才兼备的人才遴选出来承担高等教育管理重任。

实现高校校长职业化，首先，校长要转变自己的观念，摒除"官本位"思想，真正把自己看成高校的经营管理者、服务者，处理好日常行政管理工作，确保学校有一个安定、有序的发展

---

❶ ［加］约翰·范德格拉夫.学术权力——七国高等教育管理体制比较［M］.王承绪，张继平，徐辉，等译.杭州：浙江教育出版社，1989：117.

环境，在协调各利益主体之间的利益关系时能够从学校整体利益出发，有理有利有节地给予有效处理，并坚决执行理事会和教授委员会的决议并在实际工作中贯彻到底不打折扣。其次，由重权力赋予转变为重能力考核。在对高校校长的聘任过程中，要把校长的领军能力、协调能力、办事能力放在至关重要的考核位置，现代化高校已经不再需要计划经济体制下听话、顺从、唯上级指任、委派是从的校长。选拔校长要做到唯才是举，更加注重校长人选的胆识与不折不扣的管理能力和实战经验。蔡元培被称为中国近现代著名教育家和高等教育领导者的楷模，是中国特定历史时期和历史原因造就的真正职业化的校长。蔡元培任校长期间，在复杂的历史条件下，凭借其出色的胆识和能力把北大办成中国标签式的世界名校。世界著名哲学家、教育家杜威对蔡元培给予高度评价："拿世界各国的大学校长来比较，牛津、剑桥、哈佛、哥伦比亚等，在某些学科上有卓越贡献的，不乏其人。但是，以一个校长身份，而能领导一所大学对一个民族、一个时代起到转折作用的，除蔡元培以外，恐怕找不出第二个。"[1]所以在选拔高校校长时要坚持任人唯贤、唯才是举、德才兼备的考核原则，对校长人选考察的重点应放在其办学理念、管理能力、经营理念、社会交往能力、过硬的专业技术能力上。未来校长应该是具备投身教育事业的意愿，具有高尚的教育情怀，善于处理各种人际关系并与周围和谐相处，以及能够善于把握大局，从宏观把握高等教育发展等的人。

---

[1] 高平叔.北京大学的蔡元培时代［J］.北京大学学报（哲学社会科学版），1998（2）：42-55.

最后，走校长职业化道路要建立起应有的激励、退出机制，让人才进得来、留得住，倾其所能，最大限度地发挥其办学治校潜能，带动学校不断发展；同时也要让庸才下得来、出得去，以严格的考核和退出机制使不适合职业化的校长人选及早离开校长岗位。建立激励机制包括：提升校长社会地位、利益驱动、文化因素激励等。具体来说，晋升校长职业级别（区别于行政级别）或者业务级别是提高校长社会地位的有效方式，将晋升与工作绩效直接关联，才能形成有效激励；根据"经济人假设"理论，采用利益激励方式，明确校长的福利待遇并在聘任合同中明确说明，保证校长享有充分的权益；采用文化激励是指发挥学校积极向上、团队成员之间精诚合作、携手向前的和谐氛围的感染作用，促动校长带动大家努力工作。另外，还要为校长的连任和退出提供保障，可以让业绩突出者连任，给未能续聘者授予荣誉或头衔。只有为校长解除后顾之忧，才能使其全力投入工作，从而使校长职业化之路优势凸显、越走越好。

第四节　实行高校内部大部制改革，推进行政、服务岗位职员制

党的十七大报告明确提出了政府行政管理体制要进行大部制改革。所谓大部制即大部门体制，即在政府部门设置中，将职能相近的部门、业务范围趋同的事项相对集中，由一个部门

统一管理,最大限度地避免政府职能交叉、政出多门、多头管理,从而提高行政效率,降低行政成本。以党的十七大精神为指引,很多高校在内部管理机构改革中进行了大部制改革尝试。例如:2009年6月,北京师范大学对教育学院、教育管理学院、教育技术学院的职能进行整合,成立了教育学部。

实施大部制改革的直接目的就是解决行政管理层级繁复和机构设置臃肿的问题,以更低的行政成本、更简洁明晰的管理体系服务于高校发展,还高校以教学、科研至上的学术为中心的本真。在实施大部制改革具体的操作过程中,按照"功能相近、业务趋同"原则整合那些重叠设置或者不必单独设置的单位和部门,整合后使职能更集中、更有利于统一管理。例如:可以将学校办公室、后勤管理处、离退休工作处(老干部工作办公室)职能合并组建新的校办;将组织部、人事处合建为组织人事处;把学生处、招生就业指导处、校团委合并组建学生工作部;把教务处、科研处、研究生培养处、学科工作处重组成新的教务处;把审计处、纪委监察处合为审计监察处;把图书馆、档案室、信息网络中心合为资源处等。这样整合后,组织机构减少,管理层次降低,有效防止了职能交叉和重叠现象存在,优化了资源,提高了管理效率。大部制改革后行政管理体制变得扁平化,使各个部门之间可以进行跨职能团队协作,畅通了信息,提高了效率。

与实施大部制改革相配套,需要相应地对学校的人事管理制度、行政工作理念、考核和奖惩制度进行调整,并明确界定各部门权限,规范权限运行程序。

一、改革行政人事制度，实行全员聘任制

我国现行的高校行政人事制度是封闭的静态的管理，进入高校工作的人员从录用那天开始就被纳入高校的事业编制，而且一经录用后除非触犯法律法规，绝大多数不再变动。这样的后果是，高校人才进出上下通道被堵死，长此以往导致高校的人力资源配置不合理，由于要安置过多的员工就会出现高校机构臃肿、人员冗余、人浮于事、效率低下的状况。因此，必须实施人事制度改革，实行职员制、全员聘任制和人事代理制度。

《中华人民共和国高等教育法》第四十九条规定："高等学校的管理人员，实行教育职员制度。高等学校的教学辅助人员及其他专业技术人员，实行专业技术职务聘任制度。"一方面，要取消管理岗位的行政级别，推行职员制。按照管理人员的工作年限、年度和任期考核结果、工作业绩等因素确定管理人员的相应级别。当然这种级别区别于处长、科长那样的级别。高校也可以根据实际情况，在需要晋升人数较多的情况下采取公开竞聘的方式先行确定一部分人员的晋升，这样有利于优秀管理人员脱颖而出，通过聘任制度建立能上能下的运行机制，保证高校管理队伍的高素质、运转的高效率。另一方面，要适应经济社会发展实际，推行人事代理制度。人事代理是一种契约行为，高校人事代理制度是高校作为法人主体与招聘至高校工作的教职工遵循平等自愿原则签订聘用合同，并将聘用合同

与受聘人员的人事、档案等关系由学校所在地人才交流服务中心代为管理的制度。高校与受聘人签订合同后，高校在合同的规定权力范围内合理分配受聘人员工作任务，促使其履行工作职责，高校只承担给付工资报酬、提供基本生活保障机制和考核奖惩等义务。

实施人事代理制度能够强化岗位管理，可以进一步优化内部行政管理体制，减轻高校组织机构的压力，降低行政化倾向；有利于在公平、公正的竞争机制下，实现优胜劣汰，遴选出各种各样的人才；能够促使教职员工积极主动提高自身素质，做到人尽其能，实现资源利用的最优化配置。这种灵活的用人机制既减轻了高校负担，也激励了员工努力工作，提高了工作效率，节约了办学成本。目前，一些高校在引进拔尖人才、紧缺人才及管理、教辅和后勤人员等方面实行人事代理制度。高校在使用人事代理方式用工时要处理好劳动合同签订的合理性、合法性，人事代理的委托关系的清晰度和劳动合同终止的明确性等环节的问题。

二、优化行政管理队伍，推行精英化管理理念

高校处在市场经济的大背景下，要摒弃计划经济条件下残留的保守、落后的思想观念，接受先进的适应经济社会发展需要的治理理念，不断优化队伍，推行精英化管理理念，实现精英管理模式，做到管理最优化。在西方发达国家，英国在20多年前就针对高校管理提出了精英大学理念；哈佛大学在2010年

设"教育领导"博士学位，培养教育管理高级人才。还有一些高校设置 CEO 岗位，专门负责学校资产运作和特色品牌开发，而校长则负责对外交流、接待来往、联络社会、学术发展、人才培养等方面工作。所有这些国外先进的管理理念，都需要中国面向市场引进先进的管理人才加以运用，从而优化高校行政管理队伍。

优良的高校管理团队应该具备以下条件。首先，管理人员要有很高的业务水平。在管理人员的选聘阶段，要有严格选择标准，并按标准选拔人才。在新员工入职前要通过严格、规范的入职培训，培训合格方可上岗。入职后的员工要接受周期制的定期在岗培训，培训中强化传统管理经验与不断更新的先进管理知识的契合，探索行政管理的有效途径。其次，管理团队要有完善合理的队伍结构。在年龄结构上形成梯形的老、中、青人员分布的合理比例，以达到效能最优，合理规避结构老化，保持更替有序的充满活力的队伍结构。最后，高校管理团队要有完善的专业知识结构体系。在引进管理人才时面向社会公开招聘，引进更多的精通经济、管理、法律、教育学及心理学方面知识的人才，实现真正意义上的精英管理。

三、转变行政职能，强化行政部门和人员的服务意识

在对管理内涵及其职能范围的界定上，周三多教授提出："管

理的基本职能是计划、组织、指挥、协调、控制等。"❶在高校管理过程中，实行管理职能时要淡化其行政性，体现服务性。对高校管理职能的定位应该是管理即服务。教师和学生是高校的主体，学术是高校运行的核心，高校的管理就是做好服务教学、科研的辅助性工作，服务好广大师生。因此，应该使管理和服务融会贯通，无论是计划、组织、指挥，还是协调、控制，哪方面职能的履行都需要以服务为出发点，改变其权力意识，摒弃"官本位"观念，树立服务意识，特别是增强主动服务思想。配合前文提到的大部制改革等机构调整机制的确立，建立以服务为主导思想的高效行政管理机制，提高行政管理质量。

四、明确高校行政的职权范围和高校行政的运行程序

高校管理行政化凸显出的弊端中最突出现象就是权责不清，处理工作时多方干预，遇到难题时互相推诿，经常性地存在行政权力越权跨界代替学术权力的现象。由于传统思想观念影响，行政权力从古至今就具有无限扩张性和膨胀性，如果不加以限制，就会导致行政权力失控。要防止这些现象发生，就需要对行政权力给予有效制约，必须从法律的角度明确行政权力实施范围，做到权责明确，在具体执行中以制度的形式固定下来。具体到行政与学术之间，本着一切行政都要服务于学术的宗旨，明确划分行政权力和学术权力的界限，使行政权力与学术权力

---

❶ 周三多.管理学——原理与方法［M］.上海：复旦大学出版社，1995：167.

互不越界，互不侵犯，依据法律和制度约定管其该管、做其所能。同时，在规范高校行政权力的运行程序基础上，增强运行程序的操作性和透明性，防止行政权力在运用过程中被越界使用，这是现代高校行政管理法制化的体现，在现代高校管理中具有重要意义。

第六章　构建中国特色的大学管理模式

解决高校管理行政化倾向问题，其基础是要建设全新的适应高等教育发展步伐的中国特色的现代大学制度。什么是中国特色的现代大学制度？从广义方面来理解，是指在中国共产党领导下，在我国相关法律规定范围内，依据高等教育方针政策建立起来的，与现代大学特征相契合的关于高等学校的规范和秩序。外延包括：宏观层面是外部制度体现，反映大学与政府、社会之间的关系；微观层面是对高校内部各种关系的规范。从狭义上理解，是指高等学校内部权力关系的规范和秩序，如大学章程、教授委员会制度以及高校内部其他管理规定。因此，完善中国特色现代大学制度，构建中国特色的大学管理模式需要立足构建政府、大学、社会之间的新型关系，重点解决好政府怎么依法办学、社会怎样多元参与和监督等问题，并在高校内部关系处理上形成良好的内部治理结构等。❶

---

❶ 张力.完善中国特色现代大学制度的政策涵义［J］.高教领导参考，2011（12）：5-6.

第一节　中国特色大学管理模式具备的特征

一、鲜明的时代性

具有中国特色社会主义的高校管理模式应当在很大程度上体现出鲜明的时代特色，这是其生命力关键之所在。这里所强调的中国特色，重点是要满足时代性给予我们的要求。我们不仅要对国内外的成功经验予以学习，还要据此建立出符合中国国情的大学管理模式，而且在很大程度上要保证适应并能促进中国高等教育变革。

二、务实的效率性

管理成本高、资源配置不合理、机构臃肿、责任体系缺失等是我国大学管理和运行效率低下的主要表现。构建具有鲜明中国特色的高校管理模式，必须立足于提高管理和运行效率，切实务实、高效运行是评价高校管理模式是否符合科学发展观的重要标准。

三、切实的法治性

中国特色的高校管理模式是把高校的管理制度和办学理念以法律形式固化,目的是要完善政府对高校的管理以及促进大学依法自主办学。

四、手段的多样性

在当前现有的凸显多元化特征的高等教育体系中,大学被分为各种层次、不同类型,它们各自也拥有符合自身实际的办学规模和运行机制。各大学之间存在的差异要求不能只用一种特定的制度来管理。因此,高校管理模式应在遵循共同内核的基础上允许并且尊重管理方式多样性的存在。具体来说是要发挥每一所大学各自所具有的创造性,在清楚了解每所高校办学目标、发展定位和办学特色的基础上,各高校根据自身实际建立符合自身和服务于自身发展的制度模式,这才是我们要建立的中国特色高等教育管理模式的出发点和立足点,也是中国特色高等教育管理模式的生命力和发展动力所在。

第二节　中国特色高校管理模式的主要内容

一、改善政府宏观管理

纵深推进"放管服"改革，加强和改善政府宏观管理是建设中国特色高校管理模式的重要内容。政府通过权力下放、改变职能、全面协调、对高等教育进行监督和评估以及政策指导、调控资金和提供服务等方式，从支持和服务于高校发展、尊重高校自主发展的角度对大学依法实行宏观管理。

二、改善高校领导机制

"党委领导下的校长负责制"是国家法律法规明确规定的，也是现代大学制度建设的重要内容。按照《中华人民共和国高等教育法》和《中国共产党普通高等学校基层组织工作条例》等法律法规的规定和要求，从制度上划分并明确高校党委和校领导的职责。此外，还要进一步完善大学党委和行政机关的高校管理参与机制和规则。要积极协调党群、行政和学术三方之间的关系，共同促进国内高校的长远发展。

三、优化高校组织结构

大学组织结构是围绕高校培养人才、服务社会、科学研究等职能而科学设立的,它在机构设置和各机构的职能定位上对扩大高校学术自主权有所助益。一方面,它有利于将高校科研单位原本金字塔状的组织形式变为以增加管理幅度为主要手段的扁平化管理模式,提升高校行政效率,同时也方便了各学科之间的交叉和融合。另一方面,它能够在实际运行中促进学术创新,并且通过实际运行能够总结出各组织部门的职能与高校以学术为核心的发展之间的契合度,进一步整合和精简过去管理层次繁多的行政部门职能,能够切实为高校人才培养和学术研究提供更好的保障,更加有利于在高校发展建设和教学科研中凸显学术组织机构和专家学者的作用。

四、维系高校民主管理

建设有中国特色的现代高校管理模式,就是要建立健全保障大学民主管理的制度。包括:民主管理和独立决策的制度;权力制衡和监督机制;大学的信息公开机制。

五、制定和落实大学章程

制定大学章程要明确三方面问题:一是明确大学章程的制

定主体。传统的大学章程制定是高校领导说了算,而高校的实际主体——教师、职工和学生却无法参与其中。新时期大学章程的制定理应选取各方代表参与其中,悉心听取各方的声音,最终由学校的理事会、党委会、教代会等权力部门同意后颁布实施。二是明确大学章程涵盖的内容。大学章程内容的制定首先要依据法律法规制定出一个标准的框架;其次要详细阐述大学的办学理念和宗旨。再次是要设定出一个结构用于大学内部治理工作。最后要对大学管理和决策制定出准确的规则。除此之外,还要在章程中明确划分界定政府和高校之间的关系以及高校和社会之间的关系。三是要明确大学章程的法律地位。大学章程是高校发展过程中,对高校发展定位、办学方向、办学特色、办学程序规范等进行规定的最高准则。章程一经确立,任何组织、团体和个人都不能改变和违背章程的规定,也不得对其加以破坏。

六、强化大学专业评价

政府通过对大学作出专业、科学的评价来实现对大学的宏观管理,其结果能够更好地帮助大学确立未来的发展目标,能够有效帮助大学完善自身办学管理。评价的实施主体应该是独立于政府教育行政主管部门和大学之外的专门评估机构,它们所作出的科学的评价结果能够帮助政府对大学进行考评。

第六章 构建中国特色的大学管理模式

第三节 中国特色高校管理模式建立的推进策略

中国特色高校管理模式的建立不是简单的高校内部就能够解决的事情，这种新的管理模式的确立需要转变传统的观念，树立符合现代化大学发展的科学发展理念，也涉及对现行制度的完善与更新，以及对当前与高校相关的利益格局的调整。这需要各级政府、社会各个方面和大学三方的广泛参与，也是一场影响深远的深层次变革。建设有中国特色的现代高校管理模式主要可以从以下五个方面加以推进。

一、整体推进、系统化设计

中国特色高校管理模式建设是一项系统工程，内容十分丰富，既涉及政府职能转变，也涉及高校办学目标、发展定位、运行方式等高校内部管理机制的变革；既涉及高校宏观管理方式的改革，也涉及高校内部治理结构的完善；既涉及行政权力的限制，也涉及学术权力的规范等。因此，无论是政府还是大学，都要努力增强系统意识，加强对高校管理的统筹和对管理项目的整合，还要切实避免系统性的变革被单项改革所取代，那样的话会对改革的最终成效产生极大的影响。

二、直击要害，突破难点

在系统推进的同时必须抓住关键环节，实现重点突破。一是做到政府对自身职能的重新定位，以服务为宗旨，下放权力给高校，给高校尽可能大的自主权；二是努力建立一个有助于大学自主发展的约束机制；三是在法律和政府、社会等多维度建立和完善大学的外部制约和监督机制。当教育改革成功取得这三个方面的实际性突破时，便能有效带动有中国特色的现代大学管理模式建设的全面、健康以及长远发展。

三、"自上而下"与"自下而上"相结合

建设中国特色高校管理模式在某种意义和层面上，不同程度地会对中央和地方的政府职责有所涉及。很大意义上来说，它还会涉及各级各类高校的职责问题。在管理模式建设形成过程中，政府应当承担起把握方向和保障、推动的职责，这就要求国家从高等教育管理的顶层设计开始做好"自上而下"的设计，重视调动地方政府以及各地高校的制度建设积极性，支持地方和基层广泛开展试点，积极探索，实现"自下而上"的推进。

四、创建协调机制，缓解发展阻力

要注意协调好政府、高校建设出资人、教师、学生、家长

等多元主体的利益诉求。如果这些利益主体的利益获得受到干扰或者减少，各主体就会出面干预高校的具体运行，如果不能很好地协调既得利益的合理分配，这些主体就会成为高等教育新制度建设的发展阻力。因此，需要尽快完善利益协调机制的建设工作，达成共识，协同努力。各方利益主体协同并进也是现代大学制度建设的重点之一。

五、强调对国内高校的文化建设，实现大学精神的回归

建设中国特色高校管理模式要不断地在实践和发展中从国内外悠久的历史文化传统中取其精华、去其糟粕，结合学校自身实际，加强本校的文化建设。要不断创新教育理念，革新办学思想，将外显的高校办学制度内化为深层的办学理念，要努力实现大学精神的回归。

第四节 坚持党的领导，建设特色鲜明的中国高校管理模式

坚持党的领导，源于马克思主义政党的建设理论与我国社会主义教育事业现实的紧密结合；是党在领导中国高等教育事业进行不断的实践探索中对高校内部管理实践的科学经验总结；

是在党的领导下坚持以毛泽东思想、邓小平理论、"三个代表"重要思想、科学发展观和习近平新时代中国特色社会主义思想为指南创办中国特色社会主义大学的一次重大飞跃；是中国特色现代大学制度领导体制的必然选择。

关于坚持党的领导，我国法律和党的规章都分别作出了详细的规定。《中华人民共和国高等教育法》以法律的形式明确了党在高校的绝对领导地位；《中国共产党普通高等学校基层组织工作条例》从执政党的角度出发明确提出了"高校实行党委领导下的校长负责制，高等学校党的委员会统一领导学校工作"的规定；教育部《关于进一步坚持和完善高等学校党委领导下的校长负责制的意见》更进一步从具体落实、执行和体现可操作性出发，就具体实施的方式方法、程序和细则等提出了意见，把党委领导下的校长负责制在现实执行中引向深入。建设中国特色高校管理模式需要坚持党的领导不仅是因为这是对我国各项事业建设提出的政治要求，而且它还是我国现代大学做到依法治教、依法治校和依法行政的必然要求。

我国高校内部的校长负责制处于党委的管理框架下，其核心必然是以党委为主要领导，校长对学校的发展负责，教授广泛开展调查研究为关键和基础。由此可知，民主管理是其中一项重要的内容。坚持党的领导是所有上述行为的关键和核心。实践证明，校长负责制在党的领导下，是发展过程中的伟大的中国特色社会主义事业所创建的新型高校领导体制。这种新的领导机制在中国高等教育经过多年的社会主义建设的实践之后越发焕发出勃勃生机。从坚持党的领导，到高等教育事业取得阶段成果乃至今天在高等教育整体形势的改革、发展和稳步推进中取得的突出成就，无不体现中国特色。

总之，构建具有中国特色的高校管理模式必须坚持不懈地不断完善、整治内部治理结构，而且要坚定不移地遵从党的领导，这样才能把握好我国现代大学的发展方向，高校的发展才能真正成为"办人民满意的教育"的有力保障。只有在党的领导下，广泛借鉴国外先进的大学治理经验，高举党的特色教育理论旗帜，我们才能真正建设起具有中国特色的现代大学管理模式。

参考文献

[1] 王英杰.美国高等教育的发展与改革[M].北京:人民教育出版社,2001.

[2] 钱理群.中国大学的问题与改革[M].天津:天津人民出版社,2003.

[3] 张俊宗.现代大学制度——高等教育改革与发展的时代回应[M].北京:中国社会科学出版社,2004.

[4] 张维迎.大学的逻辑[M].北京:北京大学出版社,2004.

[5] 杨寅平.现代大学理念构建[M].北京:中央编译出版社,2005.

[6] 柏昌利.高等教育管理导论[M].西安:西安电子科技大学出版社,2006.

[7] 朱先奇,史彦虎,史洁,等.制度创新与中国高等教育[M].北京:中国社会出版社,2006.

[8] 毕宪顺.权力整合与体制创新——中国高等学校内部管理体制改革[M].北京:教育科学出版社,2006.

[9] 朱新梅.政府干预与大学公共性的实现:中国大学的公共性研究[M].北京:教育科学出版社,2007.

［10］龙献忠.治理理论视野下的政府与大学关系研究［M］.长沙：湖南大学出版社，2007.

［11］俞可平.论国家治理现代化［M］.北京：社会科学文献出版社，2014.

［12］习近平.习近平谈治国理政［M］.北京：外文出版社，2014.

［13］许静.论"去行政化"视野中的高校用人机制改革［D］.湖北：武汉科技大学，2011.

［14］张勇.中国公立高校去行政化问题研究［D］.重庆：西南交通大学，2011.

［15］孙培亮.我国大学去行政化问题研究［D］.开封：河南大学，2011.

［16］周荣招.我国高等教育管理体制改革中的政府职能研究［D］.开封：河南大学，2011.

［17］孙中宁.高校内部权力运行机制研究［D］.长春：吉林大学，2011.

［18］谭正航，尹珊珊.高校办学自主权的落实和扩大与政府高校管理去行政化研究［J］.现代教育科学，2015（3）：123-126，146.

［19］赵友元.高等教育内涵式发展的任务与实现路径［J］.黑龙江高教研究，2016（1）：20-23.

［20］许晓东，阎峻，卞良.共治视角下的学术治理体系构建［J］.高等教育研究，2016（9）：22-30，56.

［21］李琳，禹旭才.高校内部治理去行政化的"三个中心"与

"三个改变"[J].江苏高教,2017(2):31-36.

[22] 马长山.从国家构建到共建共享的法治转向——基于社会组织与法治建设之间关系的考察[J].法学研究,2017(3):79.

[23] 江国华,刘文君.习近平"共建共治共享"治理理念的理论释读[J].求索,2018(1):32-38.

[24] 别敦荣."双一流"建设与大学管理改革[J].中国高教研究,2018(9):1-6.

后　记

　　1998年，我大学本科毕业，非常幸运地留在母校工作。从此，我怀着对母校的感恩和对工作的热爱积极地投身到工作中去。如今，在母校从事管理岗位工作已有23年了。工作以来，先后在教务处、校团委、党政办公室、教师教育处、后勤工作处、招生就业指导处等多个部门工作，对高校管理工作有了比较深入的了解。正是因为对高校管理工作的熟悉和热爱，所以一直有针对高校管理进行梳理和深入研究的想法，但由于自身理论水平所限，这种想法一直没有实现。

　　本着提升自己更好地开展工作的想法，工作期间我又攻读了硕士学位和博士学位。从读书起一直到如今，求学的路上有着几多辛苦，但也为自己每走过一个阶段而感到幸福。自身的努力是一个方面，更重要的是在每一个阶段都有很多位老师和亲友为我排忧解难，为我能够顺利地学习创造条件，真是让我享尽了"出门遇贵人"的感觉。我这个天赋不高的人也能够有机会读书到博士毕业，这是多少人梦寐以求的，更是我一直奢望的和认为高不可攀的事情。

　　在这里，我要感谢恩师高文新教授，能投在高老师门下攻读博士学位是我的荣幸。在老师的众多学生中我是一个极平凡者，但自师从高老师以来，师门中其乐融融的氛围让我如沐春风。老师渊博的学识、与众不同的授课风格让我为人生得遇恩师而庆幸。同时，老师强壮而又不知疲倦的身体、乐观豁达的人生境界更是我们的榜样。特别是在我撰写论文过程中，更是得到了老师的悉心指导！我要感谢辽宁大学的叔贵峰老师，叔老师是我走进师门的指路人和引路人。我要感谢吉林大学的杜莉老师、韩喜平老师、穆艳杰老师、贾中海老师、王为全老师、李桂花老师、吴宏政老师在我求学期间给予我的无私指导。我要感谢沈阳师范大学的孙南南老师、施杨老师、马焕灵老师在我撰写论文期间给予我的帮助。

  如今，我有勇气把自己的论文经过修改和完善来出版，也是想以这种方式呈现各位老师对我的指导成果，给自己多年想提升自己的想法做一个小结。我深知自己的理论水平有限，理论观点也未见得有多么前沿和科学，只是出于个人的一种兴趣和热爱。在行文中还有这样或那样的不足，也盼望专家学者给予批评、指正。我坚信，我们中国大学一定会在我们党的正确领导下，沿着中国特色社会主义道路，建设起具有中国特色的现代大学管理模式。

付志平

2021 年 6 月 20 日